W0408511

Ágape
en digital

RELIGIÓN
Católica

Estrenas libros este año, ¿los has olido?

Los libros nuevos huelen de manera muy especial. Tan especial como el regalo que aquí vas a encontrar.

Sigue las instrucciones atentamente y podrás disponer de tu **libro digital** utilizando la **Licencia de activación.**

Podrás acceder desde tu ordenador o desde tu tableta.
Podrás usarlo en casa o en el colegio.

Licencia de activación:

Religión 5º EP
XEWodU8

Cuídala y no la pierdas. La vas a necesitar para acceder a tu libro digital

Ágape en digital

Sigue estos sencillos 5 pasos y podrás disponer de tu libro digital

1. Visita **http://agape.edelvives.com/,** haz clic en **Ágape en digital,** y accederás al **Quiosco Edelvives.**
2. Pincha en **Licencia** y después en **Crear Cuenta.**
3. Regístrate introduciendo los datos que el sistema te solicita.
4. Introduce la **Licencia de activación.** La estabas cuidando ¿recuerdas?
5. Accede a tu libro digital pinchando en **Mis Apps**.

Para acceder al libro digital desde tu tableta puedes descárgate la aplicación **Edelvives_texto** disponible en los diferentes *stores*.
Y si lo deseas, desde el Quiosco Edelvives, podrás disponer de la versión *offline* para ordenador.

Para más información, consulta los PDF que encontrarás en la **Zona de descarga** de nuestro **Soporte técnico de libros digitales** al que podrás acceder desde **www.edelvives.es**

Durante todo el proceso, se deberá prestar atención a las políticas de privacidad y demás avisos legales proporcionados por el Grupo Edelvives.

¿tienes alguna duda?
Déjanos ayudarte, elije el camino:

- Contacta con Soporte técnico de libros digitales a través de la página **www.edelvives.es**
- Escribe un mail a **digital@grupoedelvives.com**
- Llama al **902 40 80 61**

Ágape

RELIGIÓN
Católica

5

PRIMARIA

Texto aprobado por la
Conferencia Episcopal Española
con fecha 07-07-2015

AUTORES
Concepción Alcaraz Sánchez
María Gismero Agudo
Carlos Romera Valladares
Rafael Ruiz García

INNOVACIÓN Y REVISIÓN TÉCNICA
Equipo Kainós

SUPERVISIÓN LOMCE
Santiago Huete

EDELVIVES

Descubrimos Contenido	**Leemos la Biblia** Narración / Biblia	**Conocemos** Cultura	**Recordamos** Síntesis
Somos los elegidos de Dios. Buscamos el bien. El bien nos hace felices. Dios es nuestro bien.	*La felicidad en Dios: las bienaventuranzas* (Mt 5,3-12) La Biblia y los géneros literarios.	Vidas que desean el bien. San Agustín. Madre Teresa de Calcuta.	**El ser humano:** Elegido por Dios. Desea el bien. Encuentra en Dios el bien y la felicidad.
La alianza. Con Abraham. Con Moisés. Los Mandamientos.	*Yo soy el Señor tu Dios que te ha sacado del país de Egipto* (Éx 20,1-21) La Biblia: Antiguo y Nuevo Testamento.	Los Mandamientos en nuestra vida.	**Dios establece la alianza:** Con Abraham: tierra y descendencia. Con Moisés: la alianza del Sinaí. Los Diez Mandamientos. Dios desea un pueblo santo. Hacen referencia a Dios y a los hermanos.
Estructura de la Biblia. Antiguo Testamento. Nuevo Testamento.	*La Biblia: Historia de la Salvación* (Rut 1,1-22; Mt 1,1-17; Jon; 1 Sam 16,1-13; Hch 9,1-31) Las citas bíblicas.	Composición de la Biblia.	**La Biblia:** Antiguo Testamento: Escritos realizados antes del nacimiento de Jesús; son 46 libros. Nuevo Testamento: Realizados después del nacimiento de Jesús; son 27 libros.
Desde Jesús hasta la caída del Imperio romano de Occidente.			
Revisamos lo aprendido trabajando en grupos cooperativos.			
El encuentro con Jesús. El encuentro con Jesús en los evangelios. Consecuencias de ese encuentro. El cambio que nace del encuentro.	*El viajero incansable* (Hch 9,1-8) Los pasajes paralelos en los distintos evangelios.	Testimonios de encuentro con Jesús. Ignacio de Loyola. Marcelino Champagnat. Edith Stein.	**El encuentro con Jesús:** Cambia a las personas. En la Biblia Jesús llama a las personas para colaborar con Él. Hoy en día Jesús nos llama para que seamos sus seguidores.
Los milagros, signos del Reino. Los milagros en los evangelios. Finalidad de los milagros.	*La hija de Jairo* (Mc 5,21-24,35-43) Los milagros en la Biblia.	Los milagros de Jesús.	**Los milagros de Jesús:** Son signos del Reino de Dios. Dan testimonio de Jesús, Hijo de Dios. Exigen la fe y la aceptación de Jesús.
La Resurrección de Jesús. La Resurrección es acción de Dios. Resucitó por nosotros.	*¡Ha resucitado!* (Mt 28,1-8) Las traducciones de la Biblia.	La presencia del Resucitado.	**La Resurrección de Jesús:** Es un acontecimiento real. Es una acción real. Nos abre a una vida nueva. Confirmación de la vida y mensaje de Jesús.
La Edad Media.			
Revisamos lo aprendido trabajando en grupos cooperativos.			
La Iglesia, cuerpo de Cristo. Un cuerpo con muchos miembros. Los obispos. Presbíteros y diáconos. Los laicos.	*Todos importantes, todos necesarios* (1 Cor 12,12-20) El lenguaje de la Biblia.	La vida consagrada (los religiosos).	**La Iglesia, cuerpo de Cristo:** Cristo es la cabeza. Diversidad de miembros. La jerarquía (obispos, presbíteros y diáconos). Los laicos. Los religiosos.
Una Iglesia que sirve. La misión de enseñar. La misión de santificar. La misión de gobernar. La misión de la caridad. Una Iglesia atenta a la sociedad.	*Testimonio eclesial* (Hch 2,42-47) Los textos bíblicos en su contexto.	Algunos datos de la Iglesia en España.	**La misión de la Iglesia:** La misión de enseñar. La misión de santificar. La misión de gobernar. La misión de la caridad.
La Eucaristía. Última Cena y Eucaristía. Renovación del sacrificio.	*Jesús instituye la Eucaristía* (Lc 22,7-13) La interpretación de la Biblia.	Celebración de la Eucaristía.	**La Eucaristía:** Actualizamos la Última Cena. Renovación del Sacrificio.
Desde el descubrimiento de América hasta nosotros.			
Revisamos lo aprendido trabajando en grupos cooperativos.			
El Credo: resumen de nuestra fe.			

Hola, somos The Agapes

¡Hola, chicos y chicas! Somos Elisa, Pedro, Moussa y Li, y juntos formamos el grupo musical The Agapes. Durante este curso vamos a compartir un montón de buenos ratos. Antes vamos a presentarnos para que sepáis quiénes somos.

Podemos decir que somos unos chicos de vuestra edad, tenemos entre once y doce años, por lo que seguro que tenemos los mismos gustos que vosotros. Desde hace tiempo una de las cosas más importantes para nosotros es el grupo, y uno de los valores que más nos importan es el de la amistad. Nos conocemos porque nos une una afición, nos gusta mucho la música. Además de ir al mismo colegio, coincidimos en la misma escuela de música, que fue donde nos hicimos más amigos. Fue entonces cuando decidimos formar nuestro propio grupo de música. Al principio fue para participar en un concurso, pero nos gustó tanto la experiencia que decidimos continuar... Nos ayudó mucho el profesor de música de nuestro cole, que es muy majo. Está siempre dispuesto a ayudarnos en nuestras dudas musicales, aunque también nos echa una mano cuando tenemos problemas entre nosotros.

Como les sucede a muchos chicos de nuestra edad, estamos en un momento en el que somos un poco críticos con todo; ¿no os pasa a vosotros? Nos encantaría que la sociedad fuera como nosotros pensamos que tiene que ser, y eso nos hace a veces ser un poco rebeldes.

Por cierto, hace tiempo empezamos a publicar nuestro propio blog, en el que vamos poniendo las cosas que nos importan y nos llaman la atención del momento. Durante el curso lo iréis conociendo.

Tenemos la suerte de que en nuestra parroquia nos dejen el local donde se hacen las catequesis para ensayar durante la semana. Allí podemos hacer «ruido» sin molestar a nadie y dejar nuestros equipos de música.

Vamos a presentarnos cada uno para que nos conozcáis un poco más.

Li

Soy la más pequeña del grupo, pero pronto voy a cumplir once años. Nací en China, aunque cuando tenía unos pocos meses y vivía en un orfanato, mis padres vinieron a recogerme y me adoptaron, por lo que, a pesar de mis rasgos asiáticos, en todo lo demás se puede decir que soy de aquí.

Físicamente soy un poco bajita y puedo parecer algo debilucha. Quizá es porque me dedico más a estudiar que a practicar deportes. Algunos dicen que soy un poco «listilla».

Desde muy pequeña mis padres me compraron un pequeño piano. Al ver que me gustaba y no paraba de aporrearlo, me apuntaron a clases para aprender a tocarlo mejor. Ahora he mejorado mucho después de tantas horas de dedicación... Soy, por tanto, la que toca los teclados en el grupo. Estoy muy ilusionada por poder compartir con vosotros este curso que vamos a empezar.

Pedro

Tengo once años. Una de mis pasiones son los bocatas, por lo que quizá esté un poco regordete. Tengo que hacer más caso al profe de educación física y comer más sano y dedicar más tiempo a hacer deporte.

Soy pelirrojo y tengo la cara llena de pecas. Creo que el ser tan singular hace que sea el gracioso del grupo. Cuando hay un momento tenso o difícil, me toca soltar la gracia para que todo el mundo se eche a reír y así pasar el trago... En el mundo de la música empecé tocando la bandurria en la rondalla de la parroquia, lo que me sirvió para aprender a tocar los instrumentos de cuerda y, en nuestro grupo, toco el bajo.

Seguro que durante este curso pasamos buenos ratos...
¡Nos vemos!

Elisa

A mis doce años, me interesa lo que a todos los adolescentes de mi edad... Por ello cuido mucho mi forma de vestir, de ir a la moda. Para ello me fijo en los artistas del momento, cuya vida sigo bastante. Los demás piensan que canto bien. De pequeña aprendí a tocar la guitarra en la parroquia donde todavía participo y vivo mi fe. Por ello yo soy la que toca la guitarra y canta en el grupo.

Físicamente soy un poco alta en relación con mis compañeras de clase. Los demás a veces me sacan un poco de quicio, ya que me gusta que mis ideas sean las más importantes, pero al final siempre terminamos poniéndonos de acuerdo, y eso es una de las cosas que más valoro de la amistad que hay en nuestro grupo. Me gusta mucho la tecnología, por lo que me toca animar a todos a ir publicando cosas en nuestro blog. A través de él estaremos en contacto durante este curso.

Moussa

Dicen que lo más seguro es que, por ser de raza negra, tengo el ritmo en el cuerpo... La verdad es que me dan cualquier cosa que suene y en seguida me pongo a marcar el ritmo y a hacer que me sigan con palmas los que están a mi alrededor. Nací en Guinea. Mi padre vino a España cruzando el Estrecho en patera a buscar un futuro mejor. Cuando encontró trabajo volvió a buscarnos a mi madre y a mí, por lo que vivo en el barrio desde que tenía dos años. Ahora tengo doce años.

Me encantan los deportes, y mis ídolos son algunos grandes deportistas. Me gustaría ser como ellos. Los que me conocen bien dicen que soy una persona responsable en quien se puede confiar. Ya os podéis imaginar que en el grupo toco los instrumentos de percusión, sobre todo la batería. Seguro que este año vamos a disfrutar juntos de un montón de experiencias.

1 Haz una descripción en tu cuaderno de cómo eres tú parecida a la que han hecho los miembros del grupo. Comenta tanto tus características físicas como tu forma de ser y algo que te haga especial (¡todos tenemos ese rasgo que nos diferencia de los demás!).

... Y nos acompaña Marc

Desde que empezamos a formar nuestro grupo, vimos que necesitábamos que algún adulto nos echara una mano. Cuando nos íbamos a presentar al concurso no dudamos en pedir ayuda a Marc, ya que es el profesor de música de todos y es una persona muy *enrollada*. Es joven, lleva pocos años en el colegio, y pone mucha ilusión a la hora de explicarnos las cosas. Siempre está inventando nuevas actividades para hacernos más atractiva su asignatura.

Se casó hace unos años con otra profesora, de la que está muy enamorado. Ahora está un poco despistado, ya que su principal preocupación es el nacimiento de su primer hijo, que es niño y se va a llamar Mario. Falta poco para que nazca.

Ya hemos dicho que, además de ayudarnos a resolver todas nuestras dudas como grupo musical, también está siempre a nuestro lado cuando surge algún problemilla... Se puede decir que a veces se convierte en nuestro hermano mayor, e incluso en nuestro padre. Nos comprende muy bien.

Es una suerte que esté a nuestro lado siempre que lo necesitamos.

2 Describe al profesor o profesora que más te ha gustado de los que has tenido hasta ahora y explica por qué.

1 El deseo de bien

Pedro, Elisa, Li y Moussa están visitando a la tía de Elisa, que acaba de tener un hijo. Van a felicitar a los papás en este momento tan especial.

Hoy tú y yo descubrimos
que tenemos a Dios,
un Padre que hizo todo con amor.

Para ser un buen explorador…
… y descubrir el milagro de la vida:

- Me preparo en silencio
- Abro los ojos y observo
- Comparto lo que veo
- Pienso

Me hago preguntas: ¿qué ocurre en la escena? ¿Cómo se sentirán estas personas?

1 Preguntas para el diálogo

Nuestros padres asumieron la responsabilidad que supone crear una familia. Con una gran generosidad y por amor, decidieron darnos la vida. Este hecho supone una continuación del proyecto de Dios con las personas. La vida es un don de Dios y por ello debe ser respetada en todo momento.

- ¿Qué hacen tus padres por ti?
- ¿Qué es lo que más valoras de ellos?

2 Trabajamos juntos: ¿qué responsabilidades tienen los padres?

- Imaginamos que somos padres y que tenemos que cuidar a nuestros hijos.
- ¿Qué necesidades tienen los niños pequeños?
- ¿Cómo daríamos respuesta a esas necesidades?
- Ponemos nuestras propuestas de equipo en común.

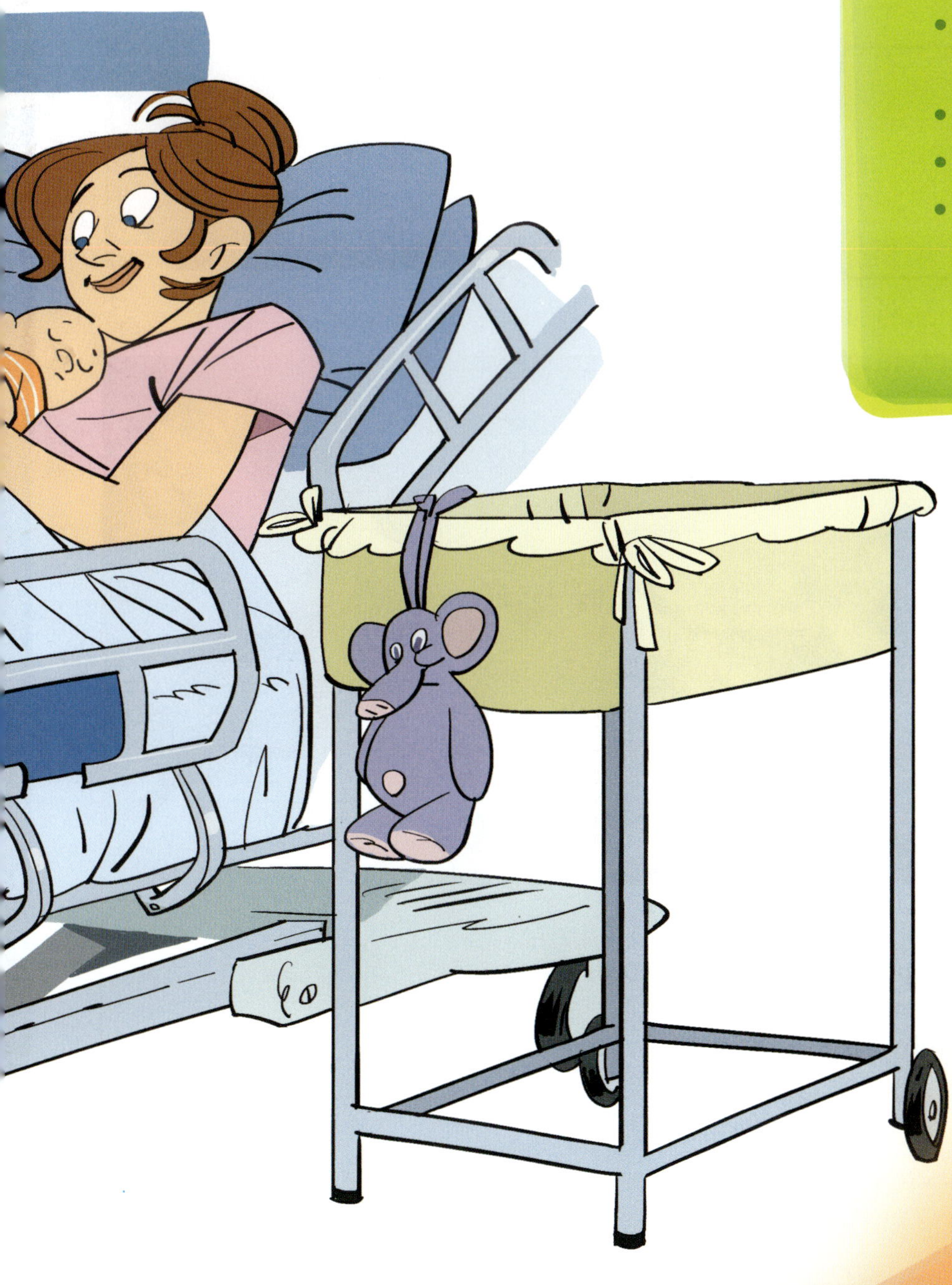

Tu grupo pop preferido

16 DE SEPTIEMBRE

Un nuevo nacimiento trae felicidad

Publicado por Elisa

El otro día estuvimos en el hospital visitando a mi tía María, que acababa de tener su primer hijo. Estaba también Carlos, el nuevo padre, al que se le caía la baba... En la habitación se respiraba felicidad por todas partes.

Nos explicaron que, para ellos, el momento del nacimiento había sido muy especial, y que iban a recordarlo con cariño durante toda su vida.

Comentario

Pedro dice:

¡Qué felices están Carlos y María con su hijo recién nacido!

16.09.15 a las 22:15

14 DE SEPTIEMBRE

Creados para ser felices

Publicado por Moussa

Cuando fuimos a conocer al hijo de María, en una de las paredes de la habitación, había una reproducción de la escena que pintó Miguel Ángel sobre la creación del hombre. Me llamó mucho la atención su forma de expresar que es Dios quien da la vida a las personas. El gesto de querer tocarle con la mano me resulta muy cercano. Ver ese cuadro en esa situación fue una experiencia especial. Dios nos crea y quiere para nosotros el bien que nos hace felices/**God creates us and wants good for us, bringing us joy.**

12 DE SEPTIEMBRE

El deseo del bien

Publicado por Pedro

Todos queremos lo mejor para nosotros y para la gente que queremos. Buscamos tener comida, vestido, un hogar, seguridad... Pero también deseamos que el bien sea una realidad en nuestra vida y que los que se acerquen a nosotros perciban que somos personas felices. ¿Cómo ser personas buenas y felices?

Todas las personas sienten este deseo de bien y felicidad y lo viven en sus vidas de manera diferente; hay algunos que lo buscan, otros se despreocupan del bien... Para los cristianos el camino para encontrar el bien y la felicidad se encuentra en Dios.

11 DE SEPTIEMBRE

Vidas buenas y felices

Publicado por Li

Hoy el profesor de religión nos ha hablado de varios cristianos que descubrieron a Dios y lo dejaron todo para seguirle en el amor a los demás. Nos ha contado las vidas de algunos de ellos: Madre Teresa de Calcuta, santa María Micaela, Damián de Molokai...

Me ha llamado mucho la atención que haya gente tan valiente y me he preguntado qué puede pasar en el corazón de una persona para dejarlo todo y entregarse a algo sin saber muy bien lo que va a pasar.

De verdad, esas personas debieron descubrir en Dios algo muy grande para dar un giro tan radical a su vida.

El profe nos ha contado varias parábolas de Jesús para explicarnos lo que les pasó: una de un hombre que encontró un tesoro y otro que encontró una perla (Mt 13,44-45).

Somos los elegidos de Dios

Dios crea el mundo por amor, de la nada, y lo crea bueno. Crea la tierra, el agua, el sol, las estrellas, las plantas, los animales...

Pero **Dios escoge al ser humano.** Dios crea al hombre y a la mujer, nos hace sus criaturas y nos crea a su imagen, a su semejanza y capaces de relacionarnos con Él. En cada uno de nosotros hay muestras de esa imagen divina que se hace mucho más evidente cuando entramos en comunión con otras personas.

Dios, de manera gratuita, ha escogido al ser humano, lo ha amado por sí mismo y le ha dotado de un **alma espiritual e inmortal** que busca el bien.

En Jesús reconocemos lo que el ser humano está llamado a ser. Él es el hombre perfecto que nos manifiesta lo que somos y nos descubre la grandeza de nuestra existencia. En Cristo descubrimos que la **llamada al bien** es más fuerte que el pecado e incluso que la muerte.

Buscamos el bien

Todo ser humano se siente llamado a buscar el bien. Por ello, sentimos en nuestro corazón una llamada a hacer el bien y a evitar el mal. Esa llamada, que podemos entender por nuestra razón, la llamamos **conciencia** y se realiza en el amor a Dios y en el amor a las demás personas.

Para hacer posible el bien, Dios dotó al ser humano de un don muy valioso que no poseen otras criaturas: la libertad. Por ella, podemos escoger qué hacer con nuestra vida: realizarnos escogiendo el bien o perderla optando por el mal.

Jesús nos libera del pecado y nos muestra el nuevo camino para buscar el bien superando nuestra tendencia al mal. Al creer en Cristo podemos caminar hacia el bien y hacerlo realidad en nuestra vida, pues Él ha superado nuestras limitaciones y la fuerza del mal en nosotros.
El bien nos hace felices

Para los creyentes esa búsqueda del bien se identifica con la felicidad. En efecto, cada uno sentimos en nuestro corazón un **anhelo del bien** que dinamiza nuestra existencia. En la medida en que nos vamos acercando al bien, haciéndolo realidad en nuestra vida, vamos colmando ese anhelo y alcanzamos la felicidad que todos buscamos. Cuando hacemos el bien o lo recibimos se despierta en nosotros una alegría profunda que nos conecta con lo que somos.

La búsqueda del bien nos urge la necesidad de **luchar contra el mal** y todas sus manifestaciones: el pecado, la guerra, la injusticia, la desigualdad, el odio... El ser humano no podrá alcanzar plenamente su felicidad hasta que no supere el mal en su existencia.

¿Sabías que...?

El deseo del bien que Dios ha puesto en nuestros corazones da un sentido a nuestra existencia. Gracias a él podemos abrirnos a Dios, comprometernos con los demás y cuidar la creación.

Dios es nuestro bien

Nosotros no podemos alcanzar el bien solo por nuestras fuerzas. La felicidad no depende de nosotros. Por eso, nos mantenemos abiertos a una realidad que hace posible el bien en nosotros: Dios. De ahí que el ser humano sea un ser religioso.

Caminar hacia el bien implica dirigir nuestros pasos hacia Dios, que nos ha creado y a cuya imagen estamos hechos. Para que el bien se haga realidad en nuestra vida debemos responder con nuestra existencia a **lo que Dios quiere de la humanidad.** Ese deseo de Dios para la humanidad se muestra en Jesucristo que es la «Imagen de Dios invisible» (Col 1,15), el hombre perfecto.

Asimismo, la llamada al bien supone caminar hacia **la comunión con las demás personas** (prójimos) y la armonía con el resto de criaturas. El bien no puede ser una realidad individual sino que se evidencia en el amor y el respeto por la dignidad del otro.

Jesús explicó en una parábola en qué consiste la vida y cómo se concreta la llamada al bien de la que venimos hablando; se trata de la **parábola del buen samaritano** (Lc 10,25-37). En ella, Jesús asocia la felicidad («tener vida») con el amor a Dios y el amor al prójimo.

La llamada al bien supone caminar hacia la comunión con las demás personas.

El número 30 del Catecismo *Jesús es el Señor* explica que estamos llamados a vivir como hijos de Dios siguiendo a Jesús, respondiendo a su llamada de amar a Dios y al prójimo. El número 33 nos invita a amar a los demás como hermanos.

1. Escribe dos listas, una al lado de la otra.
   - En la primera, anota la acciones que realizas y las actitudes que muestras que expresan la búsqueda de bien que todos sentimos en nuestro corazón.
   - En la segunda, escribe las acciones o actitudes que te separan de ese bien.
   - Debajo de cada columna, escribe cómo te sientes cuando te dejas llevar por el bien o por el mal.
2. Responde en tu cuaderno las siguientes preguntas:
   - ¿Qué quiere decir que Dios nos ha creado a su imagen?
   - ¿Qué consecuencias se derivan de hacer el bien?
3. Localiza una biografía que muestre el deseo humano del bien. Comparte con tus compañeros los rasgos más destacados de la persona escogida.
4. Enumera situaciones que manifiesten el beneficio de hacer el bien.

Nos preparamos para leer la Biblia

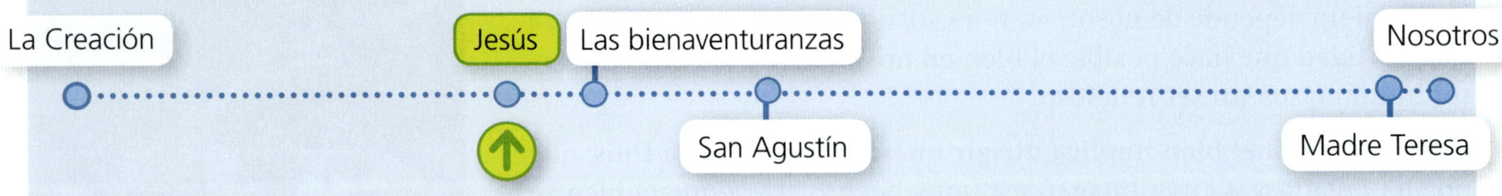

La felicidad en Dios: Las bienaventuranzas

Mt 5,3-12

- Describe la ilustración.
- ¿Qué está haciendo cada uno de los personajes?
- ¿Crees que son felices?
- ¿Dar de comer al que tiene hambre nos hace más felices?
- ¿Y optar por la paz y la misericordia como hacen los personajes que se están abrazando?
- ¿Por qué podemos decir que un niño pequeño encarna la limpieza de corazón?

Pistas sobre el texto

El discurso de las bienaventuranzas está en el centro de la predicación de Jesús. En ellas, nos muestra la felicidad que Dios quiere para el hombre y cómo esta se encuentra en la búsqueda del bien. Jesús pone en relación las bienaventuranzas con el Reino de Dios. Aquí el bien se identifica con algunas de sus manifestaciones: mansedumbre, alegría, misericordia, limpieza de corazón, paz...

En estas palabras de Jesús vemos la doble referencia a Dios y a los demás. Dios quiere que el hombre sea feliz (bienaventurado) cumpliendo el bien para el que fue hecho y mostrando su misericordia con los hermanos.

Vocabulario

Bienaventuranza: felicidad o prosperidad humanas. En el cristianismo se identifica con el encuentro con Dios en el Reino de los cielos

Mansos: de condición benigna, apacible, sosegada, tranquila.

Misericordiosos: aquellos que sufren con los trabajos y miserias ajenas. También se refiere a aquellos que perdonan.

Trabajamos sobre el texto

- **Preparamos la lectura.** Antes de leer el texto, contestad estas preguntas en voz alta: ¿qué sinónimos tiene la palabra *bienaventurado*? ¿De qué nos habla esa palabra? ¿Sabes dónde utilizó Jesús esa palabra y de quién hablaba?
- **Leemos el texto.** En primer lugar, estad atentos a la lectura del profesor o de un compañero. A continuación, realizar una lectura en grupo en la que cada uno lea en voz alta una de las bienaventuranzas. Dejad un espacio de silencio entre cada una de ellas.

1. Elabora una tabla con dos columnas. En la de la izquierda indica a quiénes llama Jesús bienaventurados y en la de la derecha qué promete para cada uno.
2. ¿En qué consiste la felicidad (bienaventuranza) para este texto? Para contestar a esta pregunta te puede venir bien juntar todos los elementos indicados en la columna de la derecha (por ejemplo, la felicidad es alcanzar misericordia...)
3. ¿Encuentras alguna relación entre este discurso de Jesús y lo que estamos estudiado en esta unidad? ¿En qué sentido?
4. Haz una caracterización en tu cuaderno de cómo es la persona feliz según este discurso de la bienaventuranzas y pon un ejemplo de una persona concreta que lo haga realidad.

Los cuatro evangelios fueron escritos por Mateo, Marcos, Lucas y Juan. Los tres primeros tienen muchas similitudes entre ellos, nacieron de una fuente común y podrían leerse en paralelo. Por eso reciben el nombre de evangelios sinópticos. El evangelio de Juan es el último que se escribió y ofrece una visión complementaria a la de los sinópticos. Todos ellos nos presentan la vida, pasión y muerte y resurrección de Jesús.

Pistas para aprender a leer la Biblia

Durante este curso vamos a acercarnos a la Biblia en muchas ocasiones. Ya sabéis que en ella encontramos textos que pertenecen a distintos géneros literarios: poesía, narraciones, oraciones, refranes...

Al acercarnos a la vida de Jesús en el Nuevo Testamento verás que Jesús centró su vida pública en la presentación del Reino de Dios y lo hizo de dos formas fundamentales: mediante acciones (milagros, gestos) y palabras (discursos, sermones, parábolas). El texto que acabamos de leer es un discurso que Jesús dio junto al Lago de Genesaret. Es fundamental saber esto porque, al leer un texto, es importante fijarnos en todos los detalles que aparecen en la narración porque nos aclaran lo que Dios quiere decirnos en ella.

Vidas que desean el bien

La mejor manera de descubrir el deseo del bien en el ser humano es acercarnos a la vida de algunas personas que lo han vivido con radicalidad. Seguro que tú conoces a personas que podrían servir de ejemplo. Nosotros te proponemos la vida de dos grandes creyentes que manifestaron en su vida el deseo de bien, encontraron en Dios su felicidad y se comprometieron con los hermanos.

San Agustín

Agustín de Hipona es uno de los grandes santos de la historia del cristianismo. Fue toda su vida (396-430) un buscador. Vivió desde su juventud preguntándose qué era el bien y lo persiguió por diversos caminos sin que ninguno de ellos le llenara totalmente. El éxito, el placer, la riqueza, el poder de la razón, la filosofía fueron algunos de los lugares en los que buscó la felicidad. Guiado por su madre (santa Mónica) y algunos creyentes amigos suyos volvió su mirada a la fe y en ella encontró lo que buscaba. Así lo expresó: «¡Tarde te amé, hermosura tan antigua y tan nueva, tarde te amé! Y tú estabas dentro de mi y yo afuera, y así por fuera te buscaba y, deforme como era, me lanzaba sobre estas cosas que tu creaste. Tú estabas contigo mas yo no estaba contigo». En Dios, Agustín encontró su felicidad y dedicó a Él toda su vida. Dios lo llamó al ministerio del sacerdocio y San Agustín se ordenó y después sería llamado para ser obispo de la ciudad de Hipona. Desde ese ministerio ayudó a todos y escribió numerosas obras literarias. La más importante de ellas, donde nos narra su búsqueda y cómo fue encontrado por Dios, es el libro *Confesiones.*

«¿Cómo es, Señor, que yo te busco? Porque al buscarte, Dios mío, busco la vida feliz, haz que te busque para que viva mi alma, porque mi cuerpo vive de mi alma y mi alma vive de ti» (San Agustín, *Confesiones*)

Madre Teresa de Calcuta

Nació en Albania en 1910. Desde muy joven se sintió atraída por la vida de los misioneros y muy pronto sintió en su corazón el deseo de llevar a Jesús a países lejanos. Escogió la India y allí se sintió llamada a la educación. Sin embargo, Teresa seguía buscando. Tras varios encuentros con las condiciones en las que vivían los más pobres de Calcuta, Teresa sintió en un viaje en tren desde Calcuta que Dios la llamaba a entregarse a los más desfavorecidos. Por ello, dejó el colegio en el que estaba y se fue a vivir con los más pobres de Calcuta. Marginados, hambrientos, enfermos, despreciados fueron desde entonces su compañía. Fundó un hogar donde atendía sus necesidades, les cuidaba, les daba pan y les hablaba del amor de Dios con sus gestos de cariño. Pronto comenzaron a unírseles otras mujeres y así nació la congregación de las Misioneras de la caridad. Ella decía: «La alegría del Señor es nuestra fuerza. Todos nosotros, si tenemos a Jesús dentro nuestro, debemos llevar la alegría como novedad al mundo».

En 1979 recibió el premio Nobel de la paz. Murió en 1997 y muy pronto fue declarada beata, un modelo para los cristianos.

Madre Teresa de Calcuta

1. ¿Dónde encontraron la felicidad San Agustín y la Madre Teresa de Calcuta?
2. Enumera otros ejemplos de creyentes que buscaron el bien y lo hallaron en Dios.

RECORDAMOS

1 Leed entre todos la parábola del buen samaritano (Lc 10,25-37). A continuación seguid estos pasos:

- Explicad por qué cuenta esta parábola Jesús a sus oyentes.
- Representad la parábola en forma de comic distinguiendo las distintas viñetas.
- ¿Qué consecuencias se derivan de hacer el bien?
- Organizad una exposición ene el aula con los trabajos de todos los equipos.

2 Copia y completa en tu cuaderno el mapa conceptual de la unidad. Después, amplía el contenido con lo que has aprendido.

El ser humano
Humans

Elegido por ..... Chosen by	Desea el bien We desire goodness.	Encuentra en Dios el bien y la felicidad. We find goodness and ..... in God.
Creado a imagen y semejanza Created in His ..... and likeness	El bien nos hace felices ..... brings us joy.	Las bienaventuranzas The Beatitudes

2 Dios hace alianza con su pueblo

Hay situaciones en las que se pone de manifiesto la fragilidad humana, pero hay personas que ayudan a superar estas circunstancias.

Hay en la calle un mundo, ¿lo ves?
Una puerta se abre ante ti,
una nueva mañana, un amanecer
que rebosa color…

Para ser un buen explorador…
… y tener esperanza:

- Me preparo en silencio
- Abro los ojos y observo
- Comparto lo que veo
- Pienso

Me hago preguntas: ¿Qué ocurre en cada escena? ¿Has visto o vivido alguna situación parecida? ¿Qué hiciste para superarla?

1 Preguntas para el diálogo

La esperanza nos permite mirar hacia el futuro con entusiasmo. La confianza en nosotros mismos y en la fuerza interior nos permitirá tener fe en el futuro y esforzarnos por conseguir nuestras metas. Para afrontar las dificultades en la vida es necesaria la acción conjunta de la esperanza, la valentía y el esfuerzo.

- ¿Qué situaciones hacen sentirse vulnerables a las personas?
- ¿Qué tipos de ayuda hay?
- ¿Es importante la ayuda de los demás? ¿Por qué?

2 Trabajamos juntos: buscamos soluciones

- Observamos las escenas y escribimos un final feliz para cada una de ellas.
- Explicamos qué han hecho las personas que necesitaban ayuda y las que han ayudado.
- Ponemos nuestras propuestas en común.

Tu grupo pop preferido

10 DE OCTUBRE

Las alianzas: símbolos de fidelidad

Publicado por Pedro

El otro día estuvimos preparando la boda de un primo y a mí me tocó guardar y darles los anillos en la celebración a los novios. El sacerdote nos explicó que esos anillos que los esposos llevarán en sus dedos reciben el nombre de alianzas y son un símbolo de la fidelidad y de la entrega del uno por el otro. También nos comentó que nos recuerda el pacto que Dios ha establecido con la humanidad.

Comentario

Marc dice:

Yo también guardé las alianzas en la boda de mi hermano. ¡Qué bonitos recuerdos!

10.10.15 a las 22:18

9 DE OCTUBRE

¿Salvación?

Publicado por Pedro

Muchas veces encontramos en la Biblia la palabra y la idea de Salvación. Le hemos preguntado a nuestro catequista sobre su significado y nos dice que o se trata de la curación de una persona, o de liberar a un pueblo de la opresión, como el caso del pueblo de Israel cuando estaba en Egipto.

En el Nuevo Testamento la Salvación es el anuncio de un Mesías liberador.

5 DE OCTUBRE

Moisés y las Tablas de la Ley

Publicado por Moussa

El viernes pasado el profesor de religión nos puso un fragmento de una película donde se representaba la entrega de los Mandamientos a Moisés. Me llamó la atención que todo se sitúa en una montaña y que se los entregó escritos en unas tablas de piedra.

Me he puesto a investigar y he encontrado que este hecho aparece en el libro del Éxodo y que esos Mandamientos son los mismos que tenemos los cristianos.

Para el pueblo judío los Mandamientos son muy importantes porque eran una expresión de la alianza de Dios. Incluso metieron las tablas en una especie de cofre: el arca de la Alianza, lo llamaron, aunque terminó desapareciendo.

Los cristianos mantienen la importancia de estos Mandamientos. Esos diez mandatos nos indican cómo debe ser nuestra vida y cómo debemos comportarnos.

2 DE OCTUBRE

El arcoíris

Publicado por Elisa

Cuando llueve y hace sol se produce el arcoíris./ **When it rains while the sun is shining, a rainbow appears**. Es el resultado de un increíble fenómeno óptico y meteorológico. Se forma cuando los rayos del sol atraviesan algunas partículas de humedad en la atmósfera.

He visto que en la Biblia se usan con frecuencia elementos naturales para simbolizar los momentos en que el ser humano se relaciona con Dios. Uno de ellos es el arcoíris. Al ser un efecto tan bonito, los autores de la Biblia lo convierten en un símbolo de la alianza entre Dios y las personas.

Dios establece la alianza

La alianza

Una alianza es un pacto o acuerdo entre dos partes para alcanzar un fin. Cuando se habla de alianza en la historia del cristianismo nos referimos al **pacto que Dios establece con la humanidad** por el cual Dios escoge al ser humano como interlocutor y con el deseo de salvarlo, y el ser humano se compromete a tenerlo como único Dios, amándolo, respetándolo y cumpliendo su voluntad.

La alianza, por tanto, recoge una serie de rasgos que no debemos descuidar. Por parte de Dios implica cuidado, promesa, salvación, liberación del pecado y de la muerte. Por parte del ser humano lleva consigo la aceptación de Dios como único, la obediencia, la fe, el seguimiento de su voluntad y la confianza.

Con Abraham

Como aparece en el Génesis, Dios eligió a Abraham para establecer una alianza y hacerle **padre de un gran pueblo.** En este pacto, Dios se comprometía a cuidar de Abraham y su descendientes (les dará una tierra y una descendencia) y Abraham le aceptaba como el único Dios. Así se evidencia la elección de un pueblo por parte de Dios; Él quiso elegir al **pueblo de Israel** para darse a conocer y revelar su plan de salvación para la humanidad. Esta historia de amistad está marcada por el amor de Dios que siempre permanece fiel y perdona al pueblo a pesar de sus infidelidades y faltas de compromiso. Frente a toda desesperanza o falta de confianza, Dios siempre sorprende al ser humano y le muestra su vida y salvación.

Con Moisés

Después de los patriarcas, **Dios constituyó a Israel como su pueblo** salvándolo de la esclavitud de Egipto. En efecto, Dios llamó a Moisés para que liberara a su pueblo del peso al que lo tenían sometidos los egipcios. Dios dice a Moisés: «He observado atentamente cómo os tratan en Egipto y he decidido sacaros de la opresión egipcia y llevaros a una tierra que mana leche y miel». Como el corazón del faraón era duro Dios mostró su poder e hizo salir al pueblo a través del mar Rojo dejando atrás la esclavitud y la muerte a la que estaban sometidos. Es el gran acontecimiento salvador para el pueblo judío: la Pascua. En él el pueblo se vio liberado y conducido hacia la tierra prometida.

Tras la liberación, el pueblo, guiado por Moisés, estuvo vagando durante cuarenta años por el desierto. En medio de esta experiencia, Dios se manifiesta y establece con ellos una nueva **alianza en el monte Sinaí** que aparece expresada en el Decálogo, los Diez Mandamientos. «Si de veras escucháis mi voz y guardáis mi alianza seréis para mí un reino de sacerdotes y una nación santa» (Éx 19,5-6)

¿Sabías que...?

En la historia de la Salvación, la alianza es una constante. La primera vez que aparece es para hacer mención al pacto que Dios establece con Noé. Después, como estamos viendo, continúa con Abraham (y sus descendientes) y con Moisés. Seguirá muy presente con los reyes, profetas y sabios de Israel. Para los cristianos, Jesús es la Alianza definitiva.

Los Mandamientos

Para expresar lo que Dios quiere para el hombre, su voluntad, en el contexto de la liberación de Egipto, Dios dirige a Moisés Diez Mandamientos. Estos mandatos indican cómo debe ser una vida liberada de la esclavitud del pecado y hacen posible el encuentro con la promesa de Dios («Si amas a tu Dios, si sigues sus caminos y guardas sus mandamientos, sus preceptos y sus normas,vivirás» (Dt 30,16).

Los Mandamientos son el **resumen de la ley divina** y en ellos Dios se da a conocer, se revela a su pueblo. Nacen de la alianza y buscan, como ella, que el hombre sea libre y alcance el bien y la felicidad.

En los Mandamientos Dios nos muestra un camino para vivir la alianza y alcanzar la felicidad.

El **Decálogo** enuncia las exigencias del amor de Dios y del prójimo. Los tres primeros se refieren más al amor de Dios y los otros siete más al amor al prójimo.

Los Mandamientos son una forma de mostrar de manera visible la **alianza de Dios con el ser humano.** Por tanto, para entenderlos debemos situarlos en el contexto de la relación con Dios, es decir, deben recordarnos al amor primero de Dios por su pueblo. Cumplir los Mandamientos es una forma de responder a ese amor.

Los números 3 y 7 del Catecismo *Jesús es el Señor* nos explican cómo Dios se da a conocer y cumple su promesa en Jesús.

1. Define qué entendemos en la Biblia cuando se habla de Alianza. ¿Cuáles son los rasgos característicos de la Alianza de Dios con su pueblo?

2. Copia en tu cuaderno los Diez Mandamientos y explica por qué son importantes para los cristianos.

3. Dios se ha dado a conocer poco a poco. Dibuja un camino que termine en Jesús. Después dibuja carteles como si fueran etapas de una carrera y sitúa en ellos a Abraham, Moisés, los Mandamientos.

Nos preparamos para leer la Biblia

Yo soy el Señor tu Dios que te ha sacado del país de Egipto

Éx 20,1-21

- ¿Quién es el personaje que aparece en la imagen?
- ¿Qué tiene en las manos?
- ¿Qué sabes sobre la vida de Moisés?
- ¿Qué momento de su vida refleja la imagen?

Pistas sobre el texto

Moisés es uno de los grandes personajes de la Historia de la Salvación. Su mismo nombre nos cuenta su historia pues significa 'salvado de las aguas'. Ante la persecución del faraón, Moisés fue depositado por sus padres en un canasto en el río y fue recogido por la hija del faraón, que le cuidó como su hijo. Después, Moisés descubrió su historia y recibió por parte de Dios la vocación de liberar de la esclavitud a Israel.

Moisés trató de convencer al faraón, pero él tenía el corazón endurecido y no dejaba salir a los judíos a pesar de todas las pruebas que Moisés le daba. Finalmente, los judíos pudieron salir y atravesaron el mar Rojo. Ese acontecimiento hizo que el pueblo tomara conciencia del cuidado de Dios y es la base sobre la que se establece la alianza del Sinaí.

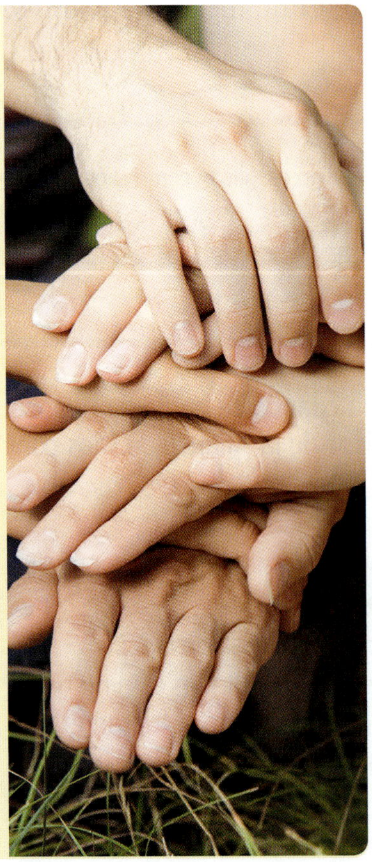

Vocabulario

Decálogo: conjunto de los Diez Mandamientos de la Ley.

Precepto: cada una de las instrucciones o reglas que se dan o establecen para el conocimiento o manejo de un arte o facultad.

Ídolo: imagen de una deidad objeto de culto.

Trabajamos sobre el texto

- **Preparamos la lectura.** Antes de leer el texto, contestad estas preguntas en voz alta: ¿qué os parece el título? ¿A qué acontecimiento está haciendo referencia? ¿Qué sabéis sobre el mismo? ¿Dónde se pronunció esa frase? Inventad un nuevo título.
- **Leemos el texto.** Primero, permaneced atentos a la lectura del profesor o de un compañero. Después, releed el texto leyendo cada alumno una frase del texto. Cuando hayáis finalizado, comentad el vocabulario que no hayáis entendido o que os haya llamado la atención.

1. ¿Cómo se define Dios a sí mismo en el texto que has leído? Señala los rasgos que han ido apareciendo en la lectura.
2. Enumera en tu cuaderno los Diez Mandamientos y clasifícalos en los dos bloques que hemos estudiado.
3. Recuerda algún otro personaje de la Biblia que haya sido importante en el plan de salvación de Dios y escribe brevemente su historia en tu cuaderno.
4. Describe con tus palabras experiencias de la vida cotidiana que guarden relación con los Mandamientos.

Los judíos y los cristianos tenemos en común el Decálogo, los Diez Mandamientos.

La novedad que aporta el cristianismo es que estos mandatos deben interpretarse a la luz del mandamiento del amor que Jesús nos dio. En efecto, el decálogo debe ser interpretado a la luz del mandamiento de la caridad, plenitud de la Ley.

Pistas para aprender a leer la Biblia

Como sabéis, la Biblia tiene dos partes muy importantes, el Antiguo Testamento y el Nuevo Testamento. Ambos bloques forman parte de un todo y no se pueden separar totalmente. Tanto el Nuevo como el Antiguo Testamento nos muestran la relación de Dios con su pueblo y su deseo de que el ser humano se salve. Sin embargo, es cierto que cada una de las partes y de los libros que componen la Biblia tiene su particularidad y ponen su mirada en aspectos diferentes. Así, en el Antiguo Testamento se habla de cómo Dios elige a su pueblo y hace con él una alianza; en los diversos libros se nos cuenta cómo se convocó a ese pueblo, cómo se establece la alianza, la infidelidad del pueblo a la alianza, la llamada a la conversión realizada por los profetas, en anuncio del Mesías. En el Nuevo Testamento, Dios nos da a conocer a su Hijo y cumple su promesa de Salvación. Por medio de Jesús se convoca el nuevo Pueblo de Dios, la Iglesia, cuyos primeros pasos se nos narran también en el Nuevo Testamento.

Los Mandamientos en nuestra vida

En nuestra vida cotidiana nos encontramos con muchas situaciones que nos sitúan frente a los Mandamientos que Dios entregó a Moisés. Al conocer el Decálogo encontramos criterios que pueden guiar nuestra actuación manteniendo esa doble referencia a Dios y al prójimo que hemos estudiado. No debemos perder de vista que para los cristianos estos Mandamientos deben interpretarse desde el mandamiento que nos dio Jesús: el mandamiento del amor.

Veamos los Mandamientos y algunas situaciones que tienen relación con ellos.

1. Adorarás al Señor, tu Dios.

En nuestra sociedad, en ocasiones hay una oposición a que los creyentes vivan y practiquen su fe en Dios. Este comportamiento atenta contra la necesaria libertad religiosa.

Por otro lado encontramos situaciones como la superstición, la idolatría, el auge de la adivinación o el ateísmo, que supone una negación de este mandamiento.

2. El nombre del Señor es santo.

A veces nos encontramos con personas que hacen referencia a Dios sin respeto o abusan de palabras relacionadas con él. Esta actuación no respecta el nombre sagrado de Dios. Se oponen a este mandamiento la blasfemia (pronunciar contra Dios palabras de odio, reproche y desafío) o el juramento en falso.

3. Santificarás las fiestas.

Todos necesitamos descansar y abrir espacios para el encuentro con Dios y con los demás más allá de las ocupaciones cotidianas. En estos momentos especiales se hace evidente la alegría, la atención a los demás, la oración...

4. Honrar a los padres.

En el plan de Dios la familia ocupa un lugar muy importante. Por eso, pide que se cuide las relaciones entre sus miembros. Los padres garantizan la seguridad, la educación, el amor de los hijos. Éstos deben respetar, obedecer y querer a sus padres. También tiene que ver con este mandamiento las relaciones con las autoridades en la sociedad civil

5. No matarás.

La vid humana es sagrada. Este es un principio irrenunciable para los cristianos. Esto supone la oposición a todo lo que atente contra la vida (aborto, homicidio, suicidio, guerra) y el respeto por la dignidad de la dignidad de la persona.

6. No cometerás adulterio.

Este sacramento hace referencia a la fidelidad dentro del matrimonio y la necesidad de respetar el valor sagrado de nuestra vida y de nuestra sexualidad.

7. No robarás.

No solo hace referencia a tomar lo que no nos pertenece sino que incluye también el respeto por la justicia y la solidaridad entre las naciones, el amor y compromiso con los desfavorecidos, el cuidado de la creación

8. No darás falso testimonio.

Se opone a situaciones como el falso testimonio, la mentira, el perjurio, la calumnia. Supone el cuidado por al reputación de las otras personas. Tiene también su relación con los medios de comunicación social.

9. No consentirás pensamientos ni deseos impuros.

Pone en guardia contra los deseos desordenados. Llama la atención sobre la importancia de la pureza, la paciencia modestia y discreción en nuestras relaciones.

10. No codiciarás los bienes ajenos.

Este mandamiento busca hacer frente a situaciones como la avaricia y la envidia que son tan frecuentes en nuestra sociedad.

1. Escoge uno de los Mandamientos y pon ejemplos de situaciones concretas con los que se relaciona.

2. ¿En qué sentido podemos afirmar que los Mandamientos nos hacen libres?

1 En esta unidad, hemos estudiado la alianza de Dios con el pueblo en el Sinaí y los Diez Mandamientos. En pequeños grupos haced lo siguiente:

- Señalad cómo aparece Dios y cómo se caracteriza al pueblo en lo que hemos estudiado en esta unidad.
- Indicad a qué se compromete Dios en la Alianza y a qué se compromete el ser humano.
- Explicad por qué los Mandamientos son la expresión de esa Alianza entre Dios y su pueblo.

2 Copia y completa en tu cuaderno el mapa conceptual de la unidad. Después, amplía el contenido con lo que has aprendido.

Dios establece la alianza
God establishes a covenant

- Con Abraham: tierra y descendencia
  With Abraham: land and .....
- Con Moisés: la alianza del Sinaí
  With Moses: ..... of Sinai
  - Los Diez Mandamientos
    The Ten Commandments.
    - Dios desea un pueblo santo.
      God desires a ..... people.
    - Hacen referencia a Dios y a los hermanos.
      Refer to God and our .....

3 Composición de la Biblia

Pedro, Li, Elisa y Moussa están preparando en la biblioteca del colegio una exposición sobre la Biblia.

Un libro lleno de historias.
un libro lleno de vida y verdad.
La Biblia nos enseña a conocer tu amor.
Es la Palabra de Dios.

Para ser un buen explorador…
… y buscar respuestas:

- Me preparo en silencio
- Abro los ojos y observo
- Comparto lo que veo
- Pienso

Me hago preguntas: ¿qué están haciendo Pedro, Li, Elisa y Moussa? ¿Qué detalles destacarías?

1 Preguntas para el diálogo

- ¿Cuál es el libro más leído de todos los tiempos?
- ¿Cuál es el libro más traducido del mundo?

¿Has oído la expresión «Palabra de Dios»? ¿Sabes lo que significa? ¿Recuerdas lo que es la Biblia? ¿Sabes que importancia tiene? De todo esto vamos a tratar en esta unidad. La Palabra de Dios es lo que Dios nos quiere comunicar a las personas, y lo hace a través de los libros de la Biblia, que han sido escritos por hombres que han tenido una fuerte experiencia religiosa y quieren que llegue hasta nosotros. A lo largo de los siglos, esas palabras se han mantenido fieles a las originales, como se comprobó al descubrir unos papiros de la época de Jesús.

La Biblia es un libro muy importante porque ha inspirado a pintores, músicos y artistas en sus obras más importantes; y también grandes películas de cine, óperas, teatro y todas las manifestaciones culturas que te puedes imaginar. Si no conoces la Biblia no podrás entender todo esto.

2 Trabajamos juntos: investigamos sobre la Biblia

- ¿Qué otros nombres recibe la Biblia?
- ¿Cuántos libros contiene la Biblia?
- ¿Quién es su Autor principal?
- ¿Quiénes son los autores secundarios?

Tu grupo pop preferido

15 DE DICIEMBRE

Superar la vergüenza

Publicado por Moussa

Ayer domingo fue la primera vez que leí en la Eucaristía. Fue una experiencia muy emocionante, pero me dio un poco de vergüenza. Sentí algo parecido a cuando subimos a un escenario y todo el mundo nos mira. Lo hemos hecho varias veces, pero sigo teniendo un cosquilleo en el estómago cada vez que ocurre. Ayer fue una ocasión muy especial, porque leer la Palabra de Dios para todo el mundo es emocionante, ¡y una gran responsabilidad!

14 DE DICIEMBRE

La Biblia en la música

Publicado por The Agapes

La historia de la música está llena de composiciones inspiradas en relatos de la Biblia. Pero no solo las composiciones antiguas o de música clásica. También los grandes intérpretes del pop y el rock se han inspirado en relatos de la Biblia para hacer sus canciones.

Hay muchos ejemplos de ello, pero a nosotros nos gusta una canción en especial, por el ritmo que tiene. Cuenta la historia del pueblo de Israel deportado en Babilonia. Es de un grupo que se llama Boney M (en la imagen) y se titula *Rivers of Babylon*. Aunque tiene más de treinta años, sigue sonando por todas partes.

By the rivers of Babylon, there we sat down.
Ye-eah we wept, when we remembered Zion.
When the wicked carried us away in captivity,
Required from us a song.
Now how shall we sing the Lord's song in a strange land.

Por los ríos de Babilonia, allí donde nos sentábamos
Ye-eah nosotros lloramos, cuando recordábamos a Sion.
Cuando lo perverso
nos llevó en cautividad
requirió de nosotros una canción.
Ahora cómo podemos cantar la canción del Señor en una tierra extraña.

13 DE DICIEMBRE

Qumran

Publicado por Marc

Hasta mediados del siglo pasado, las biblias más antiguas que se conocían eran las de la Edad Media. Pero en 1946, en las cuevas de Qumran, junto al Mar Muerto, unos pastores encontraron unos rollos de pergamino con algunos textos bíblicos muy antiguos.

Algunos años más tarde, los arqueólogos encontraron en la misma zona un montón de manuscritos más. En concreto, son de los dos últimos siglos antes de Cristo y el siglo I después de Cristo; es decir, algunos de los escritos son contemporáneos de Jesús de Nazaret.

Para alguien que se dedica a la historia y la arqueología debe de ser muy emocionante encontrar piezas tan antiguas, y que ofrezcan tanta información para que podamos conocer cómo eran nuestros antepasados y cuál era su modo de vida y costumbres.

10 DE DICIEMBRE

A solas con un libro

Publicado por Elisa

Muchas veces hemos oído a nuestros padres y profesores lo importante que es leer, pero a mí me parecía un rollo. Prefería la tele o los videojuegos en mi tiempo libre. Sin embargo, hace poco me regalaron un libro por mi cumpleaños, *Fanny crea una agencia de detectives*, de un grupo de chicas que son amigas y viven muchas aventuras. La verdad es que no tenía pensado leerlo, pero el otro día empecé a ojearlo y... ¡me encantó! No pensé que leer fuera tan divertido; ya lo he terminado y ahora me voy a comprar otros libros de la misma colección.

Comentario

Marc dice:

¡Leer es como vivir una aventura!

10.12.15 a las 21:32

Esctructura de la Biblia

La Biblia cristiana se divide en dos grandes bloques: **Antiguo Testamento y Nuevo Testamento**. El acontecimiento que sostiene esta distinción es Jesús de Nazaret. Por tanto, todos los libros de la Biblia que fueron escritos antes del nacimiento de Jesús pertenecen al Antiguo Testamento. El Nuevo Testamento recoge la vida púbica de Jesús, informa sobre la Iglesia naciente y contiene unos escritos de algunos Apóstoles (como las cartas y el Apocalipsis).

Antiguo Testamento

Empezó a escribirse hace unos tres mil años. Tiene **46 libros** que podemos agrupar en cuatro bloques o grupos según los temas que tratan.

- **Pentateuco** (Génesis, Éxodo, Números, Levítico y Deuteronomio). Comienza con los reatos de la Creación y presenta la Alianza de Dios con su pueblo. En ellos aparecen Caín y Abel, Noé, Abraham y los patriarcas, Moises...

- **Libros históricos** (Josué, Jueces, Rut, Samuel (dos libros), Reyes (dos libros), Crónicas (dos libros), Edras, Nehemías, Tobías, Judit, Ester y Macabeos (dos libros). Presentan la historia de Dios con su pueblo hasta alcanzar la Tierra Prometida.

- **Libros proféticos** (Isaías, Jeremías, Lamentaciones, Baruc, Ezequiel, Daniel, Oseas, Joel, Amós, Abdías, Jonás, Miqueas, Nahún, Habacuc, Sofonías, Ageo, Zacarías y Malaquías). En ellos se recoge el esfuerzo de los profetas para que el pueblo no se apartara de Dios y siguiera sus enseñanzas. También son los que anuncian constantemente la llegada del Salvador, el Mesías.

- **Libros sapienciales y poéticos** (Job, Salmos, Proverbios, Eclesiastés, Cantar de los Cantares, Sabiduría y Eclesiástico). Son libros que recogen la sabiduría del pueblo de Israel. Aparecen en forma de poemas, refranes, proverbios, máximas, canciones, alabanzas...

Nuevo Testamento

Es un conjunto de **27 libros** dedicados a Jesús de Nazaret y al nacimiento y expansión de la comunidad cristiana. Los libros se escribieron después de la muerte y resurrección de Jesús. Sus autores son seguidores de Jesús, discípulos y personas que vivieron muy de cerca la vida pública de Cristo. Por tanto, son escritos que guardan

¿Sabías que...?

La Biblia es uno de los libros más editados y traducidos en el mundo. Existen biblias en más de 2500 idiomas.

fidelidad a los hechos que narran, por la cercanía de estos en el tiempo en que fueron escritos.

Podemos agrupar los libros en cinco bloques.

- **Evangelios** (Mateo, Marcos, Lucas y Juan). La palabra *Evangelio* proviene del griego y significa "buena noticia". Los evangelios son narraciones de la vida de Jesús, pero no son biografías. Cuentan hechos y palabras de la vida de Jesús y su trascendencia para la vida de los cristianos.
- **Hechos de los Apóstoles**. Tras la muerte y resurrección de Jesús, sus discípulos reciben el Espíritu Santo y comienzan a predicar el evangelio. Surgen así las primeras comunidades cristianas cuyos comienzos se relatan en este libro.
- **Corpus paulino** (Romanos, Corintios —dos libros—, Gálatas, Efesios, Filipenses, Colosenses, Tesalonicenses —dos libros—, Timoteo —dos libros—, Tito, Filemón y Hebreos. San Pablo es uno de los grandes autores del Nuevo Testamento y uno de los personajes destacados en el surgimiento de las primeras comunidades cristianos. Se convirtió del judaísmo y fue fundando comunidades a las que escribía sus cartas que han quedado como libros en el Nuevo Testamento.
- **Cartas católicas** (Santiago, Pedro —dos libros—, Juan —tres libros—, Judas). Muy pronto, los amigos de Jesús se lanzan por caminos, ciudades y pueblos a contar la alegría de la Resurrección. En seguida se van formando comunidades de seguidores de Jesús por toda Palestina y el Mediterráneo. Las cartas son los mensajes que los seguidores de Jesús transmiten a esas comunidades recién formadas.
- **Apocalipsis**. Es el libro que relata, a modo de conclusión, el triunfo de Jesús resucitado sobre el mal y el dolor. Su autor es san Juan.

Los **evangelios** son relatos que nos hablan de la vida de Jesús y de su mensaje.

El número 3 del Catecismo *Jesús es el Señor* explica que Dios nos habla y que la Biblia nos conduce a Jesús, nuestro Maestro y Salvador.

1. Dibuja dos recuadros. Uno con el título Antiguo Testamento y otro con el título Nuevo Testamento. Escribe dentro de cada uno de ellos los libros que lo componen.

1. Relaciona los libros de la izquierda con los autores de la derecha.
   - Carta a los romanos
   - Evangelio
   - Apocalipsis

   - Juan
   - Pablo
   - Lucas

1. ¿Cuál es el acontecimiento que establece la distinción entre Nuevo y Antiguo Testamento? ¿Por qué es tan importante?

Nos preparamos para leer la Biblia

La Creación · Noé · Abraham · Moisés · Rut · David · Jonás · Jesús · Pablo · Nosotros

La Biblia: Historia de la Salvación

Rut 1,1-22; Mt 1,1-17; Jon; 1 Sam 16,1-13; Hch 9,1-31

- ¿Quiénes crees que son los personajes que aparecen en las ilustraciones?
- ¿Crees que el encuentro con Dios cambia a estos personajes? ¿Por qué?

Pistas sobre el texto

A lo largo de la Historia de Salvación, Dios se ha servido de personas muy distintas para llevar a cabo su plan. El encuentro de estas personas con Dios es muy importante en sus vidas, los hace cambiar, ser personas nuevas.

La Biblia narra cómo Dios ha llevado a cabo su plan de Salvación. Lo ha hecho a lo largo de mucho tiempo, con la ayuda de personas diferentes, desde distintos lugares... pero siempre con la ternura y el amor de un Padre que cuida de sus hijos.

Vocabulario

Emigrar: dejar el propio país para vivir en otro extranjero.

Arreciar: hacerse cada vez más fuerte.

Ungir: echar óleo sagrado a alguien como signo de su dignidad.

Cítara: instrumento musical antiguo parecido a la lira, pero de madera.

Estupor: asombro.

Espuerta: especie de cesta con dos asas para trasladar escombros, tierra u otras cosas parecidas.

Trabajamos sobre el texto

- **Preparamos la lectura.** Antes de leer los textos, contestad estas preguntas en voz alta: ¿qué os parece el título? ¿Quiénes creéis que pueden ser esas «personas»? ¿Sabéis algo sobre ellas? Inventad un nuevo título.
- **Leemos el texto.** Primero, permaneced atentos a la lectura del profesor o de un compañero. Después, leedlo individualmente y comentad el vocabulario que no hayáis entendido o lo que os haya llamado la atención del texto.

1. Copia y completa estas frases:
   - Rut es ..... Por eso ..... la recompensa. De su descendencia nacerá .....
   - ..... es un profeta. No quiere ir a ..... a predicar. Dios le hace .....
   - David será una gran ..... a pesar de ser un joven .....
   - Pablo cambia y comprende que Jesús es el .....
2. ¿Por qué crees que Dios ha escogido personas distintas para llevar a cabo su plan?
3. Recuerda algún otro personaje de la Biblia que haya sido importante en el plan de Salvación de Dios y escribe brevemente su historia en tu cuaderno.
4. Busca en la Biblia los nombres de algunos profetas y escríbelos en tu cuaderno.

Los judíos y los cristianos tenemos una gran parte de la Biblia común.

Lo que nosotros llamamos Pentateuco para ellos es la Torá, la Ley, y es una parte muy importante de las escrituras judías. El Pentateuco son los primeros cinco libros de la Biblia.

Pistas para aprender a leer la Biblia

Recuerda que, para citar textos de la Biblia, utilizamos un sistema especial. Primero aparece el nombre del libro al que pertenece el texto de manera abreviada (Gén); al lado, el número del capítulo (Gén 2) y, a continuación, detrás de una coma, los versículos que tenemos que buscar (Gén 2,3-5).

Practicad un poco con la ayuda de vuestro profesor o profesora. Buscad estas citas en la Biblia:

- 1 Cor 1,1-3
- Mc 16,1-8
- Lc 24,1-9
- Jn 8,31-47

Composición de la Biblia

Los distintos libros de la Biblia fueron escritos por diversos autores a lo largo de la historia que escribieron inspirados por Dios; Él se valió de hombres elegidos que pusieron por escrito todo y solo lo que Dios quería. Por eso, los cristianos creemos que los distintos libros tienen a Dios como autor.

Sorprende mucho tomar conciencia de que los diversos libros que componen la Biblia fueron escritos a lo largo de 1500 años por más de cuarenta autores distintos. Los libros más antiguos del Antiguo Testamento son los que componen el Pentateuco. Los más recientes en el Nuevo Testamento son las cartas de Juan y el Apocalipsis (siglo I). Unos están escritos en hebreo (fundamentalmente el Antiguo Testamento), otros en arameo o griego.

El proceso de formación de los libros fue lento:

1. Primero ocurrieron los hechos que narran los libros.
2. Después estos hechos se transmitieron de forma oral de generación en generación.
3. Algunas personas escriben esos testimonios o historias para que no se pierdan y se transmitan a las siguientes generaciones. Esos escritos, generalmente en pergaminos, son leídos a las comunidades en las celebraciones.
4. Posteriormente, se juntan varios escritos formando libros.
5. Finalmente, los libros se reúnen formando un canon, es decir, un catálogo que constituye un cuerpo uniforme y que es identificado como Palabra de Dios por los creyentes.

Los distintos bloques que componen el Antiguo y el Nuevo Testamento nos sitúan frente a las diversos momentos en los que se fueron componiendo los libros de la Biblia.

1. Elabora una línea del tiempo que vaya desde la Creación hasta Jesús. Dibuja diversas cartelas con los nombres de estos libros bíblicos y ordénalos cronológicamente: Génesis, Éxodo, Jueces, Salmos, Jeremías, Sabiduría.
2. Ordena cronológicamente los siguientes libros del Nuevo Testamento: Apocalipsis, Carta a los romanos, Hechos de los apóstoles, Evangelio de Juan, Evangelio de Marcos.
3. Dibuja en tu cuaderno una de las grandes historias de la Biblia que recuerdes: Sansón, Noé, Moisés...

RECORDAMOS

1 Una verdadera biblioteca. Entre todos los alumnos de la clase, elaborad un gran mural con forma de estantería. En él iréis poniendo cada uno de los libros de la Biblia. La estantería tendrá ocho baldas. En cada una de ellas agrupad los libros de la Biblia en distintos colores según os indique el profesor.

2 Copia en tu cuaderno el mapa conceptual de la unidad y complétalo. Después, amplía el contenido con lo que has aprendido.

La Biblia
The Bible

Antiguo Testamento	Nuevo Testamento
Antiguo Testamento Old	Nuevo Testamento ..... Testament
Escritos realizados antes del ..... de Jesús. Books written before the ..... of Jesus..	Escritos realizados ..... del nacimiento de Jesús. Books written ..... the birth of Jesus..
Son 46 libros. There are 46	Son 27 libros. There are 27 .....

LA HISTORIA DE LA IGLESIA

Desde Jesús hasta la caída del Imperio romano de Occidente

Jesucristo

Pedro

50 Concilio de Jerusalén

70 Destrucción de Jerusalén

79 Erupción del Vesubio

100

114 Finaliza la construcción de la Columna de Trajano

200

Personaje

Pedro

Es uno de los personajes más importantes de este período de la Iglesia. El mismo Jesús eligió a Pedro en quien fundar la Iglesia. Pedro se convertirá tras la muerte de Jesús en uno de los líderes más importantes de la Iglesia primitiva, unificando en torno a él las distintas visiones y posturas de los primeros cristianos. Los cristianos lo consideramos el primer Papa de la historia de la Iglesia.

Construcción

Catacumbas

Las catacumbas son galerías subterráneas que se extendían bajo la ciudad de Roma. Servían a los cristianos como lugar de culto, ya que allí podían celebrar la Eucaristía y reunirse para orar sin temor a ser denunciados durante los momentos de las persecuciones. También servían de cementerios. Una de las más famosas es la de San Calixto.

Algo que mantenemos

Eucaristía

Los primeros cristianos se reunían en sus casas para celebrar la Eucaristía. San Justino es uno de los primeros cristianos en poner por escrito cómo se celebraba. Cuenta que la celebraban los domingos, que se leían los evangelios, había oración de peticiones... y muchas de las cosas que forman parte de la Eucaristía tal y como la celebramos en la actualidad.

253 Invasión de la Galia por los francos

300

303 Persecución de Diocleciano

325 Concilio de Nicea

330 Fundación de Constantinopla

400

439 Los vándalos toman Cartago

476 Caída del Imperio romano de Occidente

Acontecimientos

Persecución de Diocleciano

De las persecuciones que sufren los cristianos durante los primeros siglos del cristianismo esta es la peor. Se produce en el año 303 d.C., cuando el emperador Diocleciano siente que el Imperio muestra signos de división y toma medidas para que esto no ocurra. Aunque es muy dura y produce un gran número de mártires, no conseguirá su objetivo.

Arte

El buen pastor

Una de las imágenes más populares del arte paleocristiano es la del buen pastor. Quiere mostrar a Cristo como el buen pastor que cuida de su rebaño. Aparece en muchas obras de este período; suele representarse como un joven pastor que lleva una oveja sobre los hombros.

Símbolo

Pez

El símbolo del pez fue utilizado por los primeros cristianos como representación de Jesucristo y manifestación de que alguien era seguidor de Él.

Su origen proviene de las primeras letras de la frase «Jesús, Cristo, Hijo de Dios, Salvador» que en griego forman la palabra *Ichthus*, que significa 'pez'.

COOPERAMOS PARA APRENDER

MEJOR ENTRE TODOS

Ya sabemos lo importante e interesante que resulta el trabajo en equipo. Hace tiempo hicimos una lista con las ventajas que tiene. Pensábamos que estas eran las más importantes:

- Podemos aportar cada uno cosas diferentes.
- Es más divertido.
- Se puede dividir la tarea, y así, el trabajo es menor.
- Los resultados son, casi siempre, mejores.
- Aprendemos cosas de los demás.

Podéis añadir otras que hayáis descubierto después de haberlo puesto en práctica.

MEJOR ENTRE TODOS

Para trabajar este repaso tenéis que hacer equipos de tres a cinco miembros, de la forma que os indique vuestro profesor o profesora. Antes de comenzar a trabajar en equipo hay que definir el proyecto común y las funciones que cada uno desarrollará. Según las habilidades de cada uno, podéis aportar algo único al grupo.

Es importante sentirse miembro del grupo al que pertenecéis para colaborar en él con ilusión.

Os proponemos que, en primer lugar, elijáis un nombre para el equipo y dibujéis un logotipo que os caracterice.

Al principio de curso vimos que el ser humano, desde sus orígenes, tiene la necesidad de creer en algo que responda a muchas de las preguntas para las que no tiene respuesta. Por ese motivo llegamos a afirmar que hay dos protagonistas en la historia: Dios y el ser humano.

MEJOR ENTRE TODOS

En el Antiguo Testamento se narra cómo apareció Dios ante Moisés en forma de zarza que ardía sin consumirse. Os proponemos que, en grupos, elaboréis un cómic, para dar a conocer a vuestros compañeros este relato de una manera original.

Para poder realizarlo, es necesario que sigáis estos pasos:

1. Localizad la narración en la Biblia.
2. Leed la narración.
3. Haced un esquema con los momentos que consideréis más importantes para que aparezcan en el cómic.
4. Pensad en la estructura del cómic y de cada viñeta.
5. Pensad en el texto que acompañará cada viñeta.

Es recomendable que el cómic tenga un tamaño que haga posible que pueda ser compartido con otras clases del colegio. Buscad un lugar en el que podáis exponer vuestros cómics y así difundirlos.

GRUPOS DE INVESTIGACIÓN

Leyendo el relato de Moisés hemos visto que Dios se comunica con las personas en la Biblia y les propone cosas.

- En grupos, buscad relatos bíblicos en los que Dios haga propuestas a otras personas y estas las acepten.
- Poned en común la información que habéis encontrado.
- Estableced un diálogo sobre el siguiente tema: ¿Cómo podemos colaborar nosotros con Dios?

GRUPOS DE INVESTIGACIÓN

Comunicadores del mensaje de Jesús

Tras la muerte de Jesús, y con la ayuda del Espíritu Santo, los discípulos quisieron anunciar el mensaje de Jesús a las personas que no lo conocían. Pablo extendió el mensaje a los gentiles, viajando a lugares muy remotos.

¿Nos ayudáis a conocer un poco más quién es Pablo? Cada equipo investigará utilizando diferentes fuentes. Luego pondremos en común los hallazgos.

- ¿Cuál era el nombre completo de Pablo?
- ¿Por qué se decía que era perseguidor de los cristianos?
- ¿Qué ocurrió el día que se encontró con Jesús?
- ¿A qué se dedicó a partir de aquel encuentro?
- ¿Cuántas epístolas escribió y a quién iban dirigidas?
- ¿Cuántos viajes realizó? ¿Sabéis cómo viajaba?
- ¿Qué lugares visitó?

Podéis señalar en este mapa los diferentes lugares que visitó Pablo.

La llegada de la Navidad nos ha recordado un año más que Jesús, Hijo de Dios, se hace hombre entre nosotros.

Además, lo hace entre las personas más humildes. Es importante tener el corazón preparado para su llegada.

LECTURA COMPARTIDA

Descubrimos juntos la esencia de la Navidad

La palabra *esencia* significa lo importante de una cosa. En este caso tenemos el gran reto de descubrir lo importante de la Navidad. No es sencillo, pues a veces tantos regalos, luces y destellos no nos permiten profundizar en lo que importa de verdad. Os proponemos algunas cuestiones para trabajarlas en equipo.

- Reconstruimos los acontecimientos que sucedieron en el nacimiento de Jesús. Os ayudará consultar la siguiente cita de la Biblia (Lc 2,1-20).
- Anotamos el significado profundo de estos acontecimientos y la enseñanza que nos transmiten. Conviene plantearlo en forma de tabla: en una columna, la cita; en la otra, la exégesis.
- Una vez hecho todo esto, nos preguntamos: ¿por qué el nacimiento de Jesús es Buena Noticia para las personas?
- Teniendo en cuenta todo lo anterior, proponemos una nueva forma de celebrar la Navidad: ¿qué cambiaríais de las celebraciones actuales?
- Redactamos una felicitación de Navidad que recoja esta esencia.

MEJOR ENTRE TODOS

Ya hemos acabado el primer trimestre y llegan las vacaciones. Lo hemos pasado genial trabajando en grupo.

Os proponemos que cada grupo haga una tarjeta de Navidad para desear felices fiestas a los otros equipos.

Podéis poner en ella una fotografía de vuestro grupo y decorarla como más os guste.

¡Echadle imaginación!

4 El encuentro con Jesús

Pedro, Li, Elisa y Moussa reciben la visita de un famoso cantautor de quien han aprendido muchas cosas.

Tengo en mi corazón
tanto que darte, tanto que contar...
Quiero cantarlo, quiero expresar
las cosas bellas que el Señor nos da...

Para ser un buen explorador…
… y comprometernos por el bien de los demás:

- Me preparo en silencio
- Abro los ojos y observo
- Comparto lo que veo
- Pienso

Me hago preguntas: ¿qué están haciendo los chicos? ¿Cómo crees que se sienten?

1 Preguntas para el diálogo

- ¿A qué personas admiras profundamente?
- ¿Qué les dirías si estuvieras con ellas?

Mira a tu izquierda y a tu derecha. Allí están tus compañeros de este curso y de anteriores. ¿Piensas que tu vida sería la misma si no los hubieras conocido? Ahora mira a tu profesor de religión; él te habla de Dios y del mundo. ¿Piensas que la clase sería diferente con otro profesor o profesora? Seguro que has respondido que no a las dos preguntas, y es que lo que nosotros somos es consecuencia del encuentro con las personas que tenemos a nuestro lado.

Pues imagínate si ese encuentro es con Jesús, el Hijo de Dios. Eso es lo que nos ha pasado a los cristianos que hemos recibido el Bautismo y la Eucaristía; que asistimos a la celebración dominical donde escuchamos la Palabra que Dios quiere dirigirnos cada día; que rezamos en nuestro interior pidiendo y dando gracias. De todos estos encuentros vamos a tratar en esta unidad.

2 Trabajamos juntos: escribimos un diálogo imaginario con Jesús

Cierra los ojos por un momento e imagina que te encuentras con Jesús de Nazaret:

- ¿Qué le dirías?
- ¿Qué le preguntarías?
- ¿Qué crees que te respondería?
- ¿Cómo te sentirías?
- ¿Cómo crees que se sentiría Jesús al encontrarse contigo?
- ¿Querrías contarles a todos este encuentro con Jesús? ¿Por qué?

Tu grupo pop preferido

4 DE FEBRERO

Encontrar la vocación

Publicado por The Agapes

Hoy os traemos una canción que habla de la vocación: encontrar en la vida cuál es tu camino. Como a nosotros nos gusta tanto la música, os hemos traído una canción de Andrea Bocelli, un cantante italiano, que interpreta en castellano con Marta Sánchez. Esta canción habla de la música como vocación. ¡Es una pasada!

Vivo por ella sin saber
si la encontré o me ha encontrado.
Ya no recuerdo cómo fue
pero al final me ha conquistado.
Vivo por ella, que me da
toda mi fuerza de verdad.
Vivo por ella y no me pesa.

Vivo por ella yo también,
no te me pongas tan celoso.

Ella entre todas es la más
dulce y caliente como un beso.
Ella a mi lado siempre está
para apagar mi soledad.
Más que por mí por ella
yo vivo también.

Es la musa que te invita
a tocarla suavecita.
En mi piano a veces triste
la muerte no existe
si ella está aquí.

31 DE ENERO

Un encuentro puede cambiar tu vida

Publicado por Li

Hace unos meses mi amiga Eulalia me acompañó al aeropuerto para recoger a Roge. Él es un misionero que acompaña a una varias comunidades cristianas en Burkina Faso. Durante el viaje, Roge nos habló con mucho entusiasmo de sus vecinos, de la alegría con la vivían su fe, de sus esfuerzos por salir adelante... se veía que le llenaba lo que hacía.

Eulalia, Roge y yo nos hemos encontrado en varias oraciones de la parroquia y hemos seguido nuestra charla sobre Burkina.

Hace dos semanas, Eulalia me sorprendió diciéndome que se marchaba a ayudar en las misiones de Burkina. Va a poner sus conocimientos de médico al servicio de un dispensario que tienen allí los misioneros.

25 DE ENERO

Un ejemplo de superación

Publicado por Moussa

El pasado viernes Marc nos presentó a un amigo suyo, Luis, que va en silla de ruedas. Nos contó que tuvo un accidente y que, desde entonces, no puede mover las piernas. Al principio lo pasó muy mal, y creyó que la vida para él no tenía sentido. Pero poco a poco fue recibiendo ayuda de los médicos y de gente que se acercó a él para que pudiera salir adelante.

En unos meses aprendió a manejar la silla de ruedas de forma increíble, y tardó muy poco en adaptarse a su nueva vida. ¡Incluso nos enseñó cómo conduce su coche! Fue una experiencia increíble, porque aprendimos que la vida puede cambiar de repente y tenemos que saber adaptarnos a las circunstancias.

Comentario

Elena dice:

¡Mucho ánimo, Luis! Seguro que consigues lo que te propongas en la vida.

25.01.2016 a las 20:18

21 DE ENERO

Encuentro

Publicado por Pedro

En clase hemos hablado sobre el encuentro. Hemos buscado frases de personajes célebres sobre el tema. Algunas nos han hecho pensar mucho. Hemos elegido estas; os invitamos a leerlas y a reflexionar sobre lo que dicen.

«El encuentro de dos personas es como el contacto de dos sustancias químicas: si hay alguna reacción, ambas se transforman». (C. Jung)

«La vida es el arte del encuentro». (V. Moraes)
Life is the art of the encounter.

«Invito a cada cristiano a renovar ahora mismo su encuentro personal con Jesucristo o, al menos a tomar la decisión de dejarse encontrar por él». (Papa Francisco)

El encuentro con Jesús

Durante toda su vida pública Jesús se hizo el encontradizo. Los **evangelios** nos presenta a **Jesús acercándose a todos,** llamando la atención de unos, sentándose a la mesa con otros, sanando, ofreciendo perdón. De esos encuentros surge la fe, el deseo de seguimiento y la transformación de la forma de vivir para hacer propias las bienaventuranzas.

El encuentro con Jesús en los evangelios

Son muchos las personas que se encuentran con Jesús en los evangelios. Unos son encuentros más esporádicos que nacen de la admiración; en otros casos son diálogos profundos que tocan lo más personal de cada uno. En todos los casos se trata de **encuentros que no dejan indiferentes** y que, si el interlocutor acepta su invitación, transforman la propia vida y le plantean un nuevo horizonte y un nuevo sentido. Te proponemos conocer algunos de ellos:

- **Los primeros discípulos** (Jn 1,35-51): Jesús despierta la admiración de los discípulos de Juan el Bautista. Jesús le pregunta por sus deseos más íntimos («¿qué buscáis») y les invita a seguirle («venid y lo veréis»). Ellos lo dejan todo y le siguen.
- **La samaritana** (Jn 4,1-45): Jesús sitúa a la samaritana frente a su propia vida y le muestra su necesidad («Dame de beber»). Jesús le promete el agua de vida, la salvación, que despierta la petición de la samaritana («Dame esa agua, así no tendré más sed») y fue a dar testimonio de Jesús.
- **Zaqueo** (Lc 19,1-6): Zaqueo era un hombre rico que quería conocer a Jesús. Se subió a un árbol para verlo y Jesús lo llamó por su nombre y se alojó en su casa. Tras el encuentro, Zaqueo se arrepiente de las cosas ue ha hecho mal y reparte su dinero, y su vida cambia por completo.
- **Mateo** (Mt 9,9-13): Era recaudador de impuestos. Jesús le dice «sígueme». Mateo deja todo y le sigue. Se produce en él un cambio radical que incluso despierta las críticas de los que le conocían.

Consecuencias de ese encuentro

Lo primero que llama la atención de estos encuentros de Jesús con sus seguidores es que los que hablan con él terminan descubriendo su **verdadera identidad.** Jesús, de una manera muy sutil les desvela sus necesidades, sus deseos más profundos y sus ansias de plenitud. Él les muestra que son amados por Dios y que el cambio es posible.

Otra consecuencia es el **cambio de vida.** El que se encuentra con Jesús y opta por seguirle no puede quedarse indiferente y continuar con la vida que llevaba antes de conocerle.

¿Sabías que...?

Las comidas eran un lugar que Jesús solía escoger para encontrarse con sus seguidores y para expresarles lo que para él era importante. Eran comidas abiertas a todos y eso genera muchas críticas entre los fariseos.

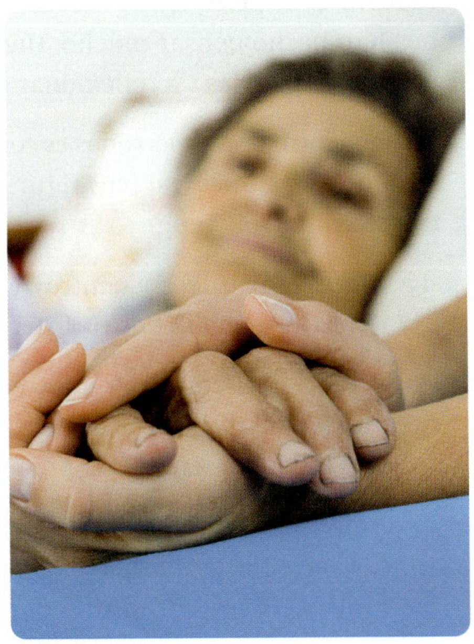

El cambio que nace del encuentro

Hemos visto cómo el encuentro con Jesús transforma la vida. Hubo algunos personas que no aceptaron la invitación de Jesús, pero, si el que se encuentra con Él le escucha y se deja tocar, la vida se transforma totalmente. Jesús sitúa a las personas frente a lo que Dios quiere para ellas y eso les fascina y les lleva a transformar lo que les aleja de ese deseo de Dios.

En algunos de esos encuentros ese cambio se manifiesta en la **conversión**. Como hemos visto en el caso de Zaqueo o de Mateo, los que se encuentran con Jesús toman conciencia de lo que han hecho mal y se arrepienten y rectifican su comportamiento.

En todos observamos que se produce un cambio en la forma de vivir. **El que se encuentra con Jesús ha encontrado un tesoro** y, por tanto, no le importa dejarlo todo para alcanzarlo. Por eso, dejan sus trabajos, sus lugares de residencia, sus amigos, sus familias... Lo importante no es lo que queda atrás sino la persona misma de Jesús y el Reino que implica la comunión con Dios y el amor a los hermanos.

El **encuentro con Jesús** transforma la existencia y nos invita a amar sin medida y a entregarnos a los demás.

1. Lee las historias que se han mencionado en la página 48. Escoge dos de ellas y escribe en tu cuaderno:
   - ¿Qué dice Jesús?
   - ¿Qué le responde su interlocutor?
   - ¿Se produce algún cambio en quien le escucha? ¿Cuál?
2. Escoge el encuentro de Jesús con Zaqueo e indica de qué forma expresa la conversión y el cambio de vida que le provocó dicho encuentro.
3. Busca en el Nuevo Testamento otro testimonio de alguna persona que se encuentra con Jesús y explicita qué le pide Jesús, qué le ofrece y qué cambio se produce en la persona.
4. ¿Crees que Jesús se sigue encontrando con los creyentes actuales? ¿En qué sentido? Busca algún testimonio y haz un pequeño resumen en tu cuaderno.

El número 13 del Catecismo *Jesús es el Señor* explica que Jesús nos anuncia la Buena Noticia, el Evangelio. El número 26 dice que nos encontramos con Jesús resucitado en los sacramentos.

Nos preparamos para leer la Biblia

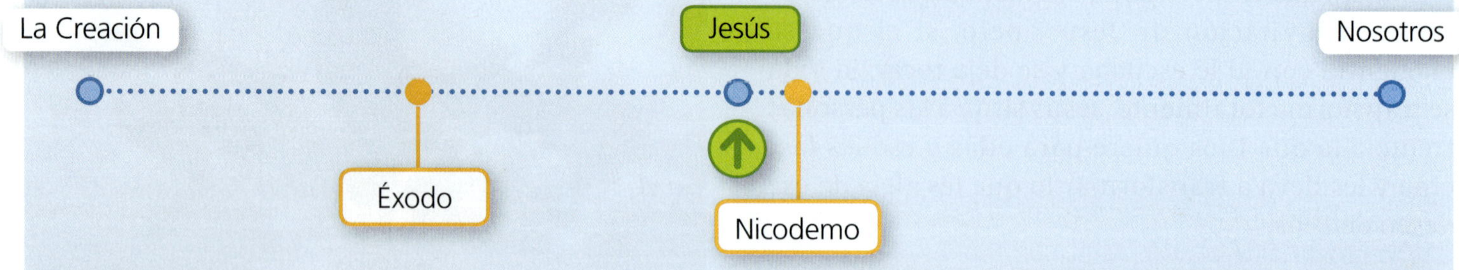

El viajero incansable

Hch 9,1-8

- Observa el cuadro de la imagen.
- ¿Sabes de quién se trata?
- Buscad información sobre el autor del cuadro.
- ¿Qué elementos del texto identificas en la imagen?

Pistas sobre el texto

El momento que refleja el texto es fundamental en la vida de Pablo. Hasta entonces, es un judío convencido de la necesidad de acabar con los cristianos, a los que persigue. Al caer del caballo escucha la voz de Jesús y desde entonces será uno de sus más fieles seguidores, uno de los pilares de la joven Iglesia que estaba por nacer.

Vocabulario

Sinagoga: templo de la religión judía.

Damasco: capital de Siria.

Perseguir: ir detrás de alguien que va huyendo, con intención de alcanzarle.

Estupor: asombro.

Trabajamos sobre el texto

- **Preparamos la lectura.** Antes de leer el texto, contestad estas preguntas en voz alta: ¿conocíais la historia de la conversión de san Pablo? ¿Habéis visto la imagen en algún cuadro u obra de arte? ¿Cómo creéis que reaccionará Pablo después de escuchar la voz de Jesús?
- **Leemos el texto.** Primero, estad atentos a la lectura del profesor o de un compañero. Después, leedlo de forma individual.

1. ¿Qué cambio se produce en la vida de Pablo?
2. El encuentro de Jesús con Pablo se produjo después de la Resurrección de Cristo, es decir, Pablo no fue uno de los doce apóstoles.
   - ¿Qué le dice Jesús a Pablo?
   - ¿Qué le sucede a Pablo cuando lo escucha?
   - ¿Qué crees que puede significar esa caída?
3. ¿Cómo crees que acabó la historia de Pablo después del encuentro con Jesús?
4. En grupos, buscad información sobre los viajes de Pablo. Elaborad un mural dibujando un mapa del Mediterráneo y las rutas que hizo san Pablo en sus viajes.

La conversión de Pablo es un ejemplo de acontecimiento que transforma la vida de una persona. Pablo pone pasión en todo lo que hace, y su vida es un ejemplo de entrega y constancia en el anuncio del Evangelio por todo el mundo entonces.

Pistas para aprender a leer la Biblia

Cuando buscamos un pasaje en uno de los evangelios, encontramos al comienzo la cita concreta en que ese mismo pasaje aparece en los demás evangelios; así podemos consultar las coincidencias y diferencias que hay entre los mismos escritos en los diferentes textos evangélicos.

Testimonios de encuentro con Jesús

Jesús no solo se encontró con las personas de las que nos habla el Evangelio sino que, tras su Resurrección, sigue encontrándose con los creyentes. Son muchas hoy las personas que tienen conciencia de ese encuentro y que han experimentado un cambio en su vida tras el encuentro con Cristo. Te traemos los testimonios de algunos creyentes.

Ignacio de Loyola

Durante su juventud se dedicó a la diversión, las amistades y a la guerra. En una batalla resultó herido en una pierna y fue llevado a la casa de sus padres en Loyola para recuperarse. Como no podía moverse se dedicó a la lectura de vidas de santos y al terminar se preguntó: ¿por qué actuaban así? Si ellos lo hicieron, ¿por qué yo no? Y esa experiencia le llevó a buscar a Jesús en cada una de sus decisiones y que toda su existencia fuera para cumplir la voluntad de Dios. Ese encuentro de Ignacio con Jesús lo recogió en su obra principal: los ejercicios espirituales.

Marcelino Champagnat

Había crecido en la fe gracias a su familia. Siente la llamada al sacerdocio y se dedica al estudio esforzándose mucho. A lo largo de su formación va tomando conciencia de la necesidad de maestros que acompañaran la formación de los niños más necesitados y que le presentaran a Dios. Una vez finalizados sus estudios, se encuentran con un joven malherido que nunca había escuchado hablar de Dios. En ese acontecimiento Marcelino descubrió a Jesús que le salía al encuentro y le ratificaba en su idea de fundar una sociedad de hermanos dedicada a la educación de los niños. A partir de ese momento, se dedicará a esa obra que Dios le había confiado.

Edith Stein

Edith Stein era una profesora de filosofía que sobresalía en el mundo del pensamiento y la universidad. Era discípula de grandes pensadores e impartía conferencias en numerosos lugares. Sin embargo, seguía en búsqueda de la verdad. En un momento de su vida se sumergió en la lectura de las obras de Santa Teresa de Jesús y al concluir dijo: «Esto es la verdad». Había descubierto, tras los escritos de la santa de Ávila, su experiencia de Dios y a Jesús mismo que le invitaba a seguirle. Finalmente se hizo religiosa carmelita y murió durante la Segunda Guerra Mundial.

1. ¿Podemos decir que estas personas se encontraron con Jesús? ¿En qué sentido?
2. ¿Cómo transformó su vida este encuentro con Jesús?

RECORDAMOS

1 Un crisol de vocaciones. Imaginad que tenéis 20 años más. ¿Cómo es vuestra vida? Haced una asamblea en clase y contadle a vuestros compañeros cómo es vuestra vida con 30 años.

- Diseñad un guion para presentar vuestras ideas.
- Explicadles cómo vivís: en qué lugar, con quién, a qué os dedicáis…
- ¿Cuál es vuestra vocación?

2 Copia en tu cuaderno el mapa conceptual de la unidad y complétalo. Después, amplía el contenido con lo que has aprendido.

El encuentro con Jesús
The encounter with Jesus

cambia a las personas.
..... people.

En la Biblia Jesús llama a las personas para colaborar con Él.
In the ..... Jesus ..... people to claborate with Him.

Hoy en día Jesús nos llama para que seamos sus .....
Today, Jesus ..... us to be his followers..

5 Signos del Reino

Pedro y Li analizan y comentan en clase algunas noticias sorprendentes.

Cura a los enfermos, da la vida.
Lázaro ya vuelve a caminar.
Sana a los leprosos y les cura las heridas.
Es Jesús, es Jesús, es Jesús.

Para ser un buen explorador…
… y construir un mundo mejor:

- Me preparo en silencio
- Abro los ojos y observo
- Comparto lo que veo
- Pienso

Me hago preguntas: ¿qué ocurre en la imagen? ¿Cómo crees que se sienten?

1 Preguntas para el diálogo

- ¿Qué son los milagros?
- ¿Existen los milagros en la actualidad?

¿Qué es el Reino de Dios? ¿Qué dijo Jesús de él? ¿Cómo se hace presente entre nosotros? Estas son las preguntas que vamos a intentar responder en esta unidad. Ya sabes que Jesús de Nazaret predicó la llegada del Reino de Dios y que lo hizo a través de los milagros y de las parábolas. Cuando Jesús curaba a los enfermos no solo buscaba aliviarles en su enfermedad sino que también quería reintegrarlos en la sociedad porque estaban excluidos por el solo hecho de ser enfermos: no podían ir a la sinagoga a rezar ni seguir las tradiciones religiosas.

Seguro que te acuerdas de muchas parábolas de Jesús que son comparaciones que hace entre el Reino de Dios y elementos de la vida cotidiana de su época; de esa forma, los discípulos entendían mucho mejor lo que quería decir. ¡Vamos a descubrir los milagros y las parábolas de Jesús!

2 Trabajamos juntos: elaboramos un panel de buenas noticias

Las obras de arte contienen un mensaje secreto que los espectadores tenemos que descifrar.

- Colocamos una gran tira de papel continuo en una pared de la clase.
- Escribimos y coloreamos el título: BUENAS NOTICIAS.
- Buscamos buenas noticias en diversos medios de comunicación.
- Las comentamos con todos los compañeros.
- Las recortamos y colocamos en nuestro panel.
- Podemos ir rellenando el panel con las buenas noticias que nos vamos encontrando cada día.

Tu grupo pop preferido

28 DE FEBRERO

La plegaria hecha canción

Publicado por The Agapes

En muchas ocasiones los cantantes utilizan la religión para dar forma a sus canciones. Hay una canción de Alexander Pires y Gloria Estefan que se titula *Santo, santo,* en la que hablan del amor y lo hacen a través de una plegaria. El vídeo oficial de la canción está lleno de alegorías religiosas, tanto en la decoración como en el vestuario de los protagonistas. Te invitamos a verlo... ¡y a bailar!

De rodillas yo te pido: «Escucha mi oración»,
un humilde enamorado que perdió su corazón.
Desde que se fue el amor yo no he dejado de sufrir,
sin cariño no sé qué será de mí.

On knees I pray: «Hear my prayer»,
a humble lover who lost his heart.
From that love was I not left to suffer,
without affection I do not know what will become of me.

Santo, santo, yo te canto, santo de mi devoción,
santo, santo, yo te pido conquistar su corazón,
santo, santo, yo te ruego ponle fin a este dolor,
devuélveme aquel cariño, santo, santo del amor.

21 DE FEBRERO

Necesitamos a Dios

Publicado por Elisa

Cuando ves la noticias en la televisión o lees un periódico, surgen un montón de noticias que hablan de desgracias, las penalidades que tienen que vivir en muchos lugares, guerras, marginación. Me llama la atención que muchos mayores dicen «se te quitan las ganas de ver las noticias» o «a veces, es mejor no tener tanta información».

Yo opino que es bueno estar informado y saber lo que ocurre en nuestro mundo. Sin embargo, creo que hay que poner la realidad en manos de Dios y colaborar con Él para que la salvación llegue a todos. A veces, eso implica pedirle su ayuda sabiendo que Él cuidará de nosotros dándonos lo que más nos conviene.

En la Biblia descubrimos que Dios siempre está atento a las necesidades de su pueblo. Es un Dios atento con un corazón fiel y misericordioso.

15 DE FEBRERO

Cantar a *capella*

Publicado por Moussa

En clase de Ciencias Sociales estamos viendo el Románico y el Gótico. Nuestro profesor nos ha llevado a ver la catedral, y cuando llegamos nos encontramos al coro ensayando las canciones de una ceremonia que se iba a celebrar el pasado fin de semana.

En la catedral no hay micrófonos, pero se oía de maravilla. El profesor nos explicó que, en la Edad Media, había muchos menos medios técnicos para construir los edificios que hoy en día, pero eso no fue un obstáculo para los arquitectos de aquel tiempo. Eran unos expertos en la construcción de templos, y tenían en cuenta todas las variables a la hora de diseñarlos, como la luz y el sonido. Hay muchos templos de más de 500 años de antigüedad y un tamaño colosal en los que el sacerdote no necesita micrófono para que los fieles lo oigan y en los que las canciones se oyen de una forma especial.

Según nuestro profesor, los templos son lugares donde se enseña y se celebra, y es muy importante que se oiga bien, incluso cuando no había micrófonos y altavoces...

11 DE FEBRERO

Los milagros de Jesús

Publicado por Pedro

Hoy hemos leído en clase de religión uno de los milagros que aparecen en los evangelios. Siempre me han llamado la atención estos hechos extraordinarios que hacía Jesús y la reacción que provocaban en sus seguidores. Unos pensaban que Jesús era una especie de mago que podía curarlo todo; otros sospechaban del poder de Jesús y le miraban con recelo. Otros miraban más allá y se daban cuenta de que ese poder para realizar milagros venía de Dios y eran signos de lo que Dios quiere para nosotros: una realidad donde el dolor, el sufrimiento y el pecado no tienen la última palabra, donde la Vida se impone y el amor entre todos es una realidad.

Le hemos preguntado al profesor si hoy sigue habiendo milagros y nos ha dicho que Jesús sigue actuando en nuestro mundo y nos ofrece signos de que el Reino ya está entre nosotros.

Comentario

Ana dice:

¡A veces suceden cosas que parecen auténticos milagros!

11.02.2016 a las 19:03

Los milagros, signos del Reino

La vida pública de Jesús está centrada en el **Reino de Dios** al que están llamados todos. Para ayudarles a entender en qué consiste lo presentaba con sus acciones y sus palabras. Así, lo compara con una semilla, con una perla, un banquete... El Reino se manifiesta a los hombres en las palabras, en las obras y en la presencia de Cristo.

Todos los hombres están llamados a entrar en este Reino, acogiendo a Jesús. El Reino pertenece a los pobres y a los pequeños, a los que lo acogen con un corazón humilde.; también los pecadores están invitados a participar en él.

Los milagros en los evangelios

Jesús acompaña sus palabras con hechos extraordinarios, milagros, que manifiesta que el Reino de Dios ha llegado. Esas acciones **dan testimonio de que Jesús es el Mesías** anunciado. En estos milagros vemos que Jesús se preocupa por los más necesitados. Es con ellos con quien realiza las obras que despertaron la admiración y el entusiasmo de quienes las presenciaron.

Jesús no hace los milagros para que todos le miren, ni con afán de protagonismo. Los milagros no son actuaciones ni Jesús es un mago. No busca la admiración de la gente. Más bien quiere dar a entender que **el Reino de Dios es posible en la Tierra** y ese Reino ya ha llegado con la persona de Jesús.

Los milagros son signos que **anuncian y hacen presente el Reino de Dios.** Quien recibe la gracia de esos signos son las personas que representan el dolor y el sufrimiento, quienes necesitan la liberación:

- Los enfermos y desvalidos, como el ciego o el leproso.
- Quienes han perdido la vida, como Lázaro o la hija de Jairo.
- Quienes viven esclavizados por el mal, como los endemoniados.

Jesús obra los milagros en **diferentes contextos:** cura a personas entre la gente, realiza prodigios ante la muchedumbre, se acerca a quien padece enfermedad en la marginación o exclusión, controla algunos fenómenos de la naturaleza. De esta manera hace presente a un Dios que nos desborda, que se inclina para ayudarnos, que se compadece de nuestras debilidades, que nos ofrece la Vida, la salud, el perdón.

En los evangelios podemos observar las distintas reacciones que provocan los milagros: para el que los acoge desde la fe, los milagros son signos que muestran que Jesús es el Hijo de Dios y de que el Reino ya ha llegado. Para los que no los acogen con fe son motivo de escándalo ya que se preocupan porque Dios actúa por medio de Jesús o no entienden esos signos (Jn 11,47-48; Mc 3,22).

¿Sabías que...?

Hay muchas expresiones en nuestro idioma que incluyen la palabra *milagro* y son utilizadas en muchos contextos; por ejemplo: «Ayer no me caí por la escalera de *milagro*».

Finalidad de los milagros

Al ver cómo aparecen los milagros en los evangelios ya hemos apuntado algunas ideas de por qué Jesús realiza estas obras. Por su importancia, volvemos sobre ellas.

- Los milagros de Jesús dan testimonio de que **Jesús es el Hijo de Dios** y de que Él le ha enviado (Jn 5,36). Jesús es el Mesías anunciado por los profetas.
- Las acciones extraordinarias de Jesús constituyen una **invitación a creer en Jesús**, a acercarse a su persona desde la fe y la confianza (Jn 10,38).
- Jesús libera del hambre, de la injusticia, de la enfermedad o la muerte. Sin embargo, la liberación fundamental y decisiva que nos trajo Jesús fue la **liberación de la esclavitud del pecado.**
- Los milagros nos muestran que, en el Reino de Dios, **el mal, el sufrimiento y el pecado no tienen la última palabra.**

Para entrar en el **Reino de Dios** hay que amar a Dios y a los demás como Jesús nos enseñó.

1 Responde a estas preguntas en tu cuaderno.

- ¿Cuándo llegará el Reino de Dios?
- ¿Cómo podemos hacer que el Reino de Dios se haga presente en nuestra vida?
- ¿Podemos hacer que desaparezca el dolor y el sufrimiento en las personas?
- ¿Son los milagros actos de magia?
- ¿Qué es para ti un milagro?

2 Resuelve el siguiente salto de caballo y descubrirás una frase sobre los milagros.

GROS	LOS	SEN	REI	CEN
TE		HA	MI	
	LA	EL	PRE	NO

3 Señala dos tipos de personas a través de las cuales Jesús realiza los milagros que describe el Evangelio. ¿Crees que hoy en nuestro mundo sigue habiendo personas como ellos?

El número 14 del Catecismo *Jesús es el Señor* nos dice que Jesús nos trae el Reino de Dios y el número 15 explica que Jesús hace cosas admirables.

Nos preparamos para leer la Biblia

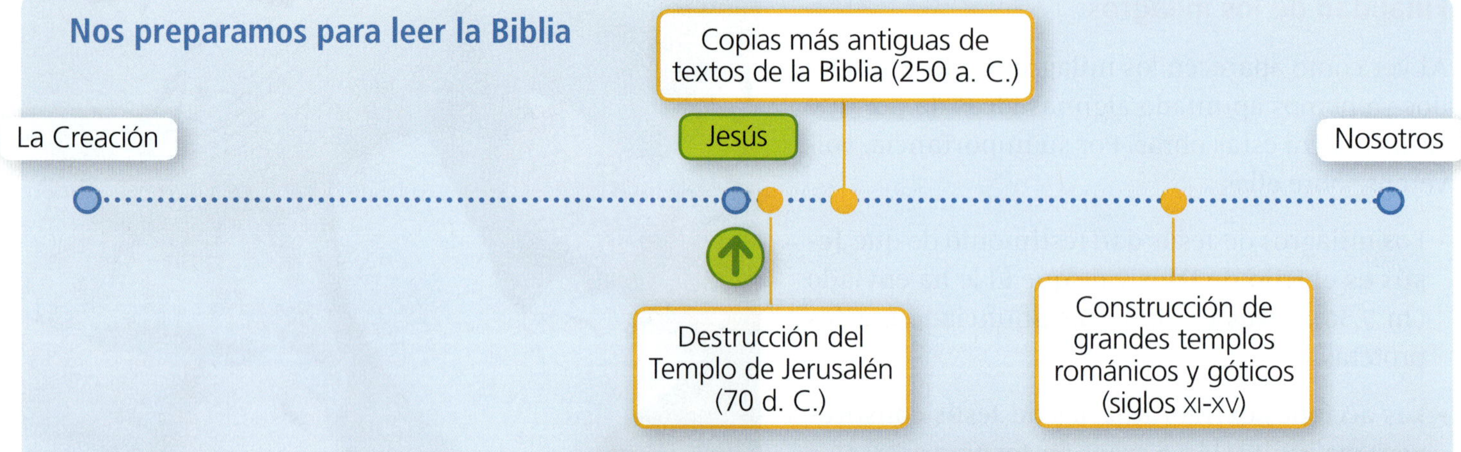

La hija de Jairo

Mc 5,21-24,35-43

- Observa la imagen. ¿Qué representa?
- ¿Quién aparece en la cama? ¿Quién la está tomando de la mano?
- Describe la reacción de los personajes que aparecen y recrea qué pueden estar pensando.

Pistas sobre el texto

Jesús acompaña sus palabras con numerosos signos y milagros que manifiestan que el Reino está presente en Él. Esos milagros dan testimonio de que Jesús es el Mesías, el Hijo de Dios hecho hombre.

Estas acciones extraordinarias están presentes en los cuatro evangelios y muestran a Dios que se compadece de los que sufren y da la vida y la salud.

Jesús aparece en tres ocasiones devolviendo la vida a personas que habían muerto: a la hija de Jairo (es el texto que vamos a leer), al hijo de la viuda de Naim y a su amigo Lázaro. Con estas acciones está apuntando ya a su propia Resurrección.

Vocabulario

Imponer las manos: es un gesto de mucho significado. Se utilizaba como signo de bendición y de transmisión de fuerza. Los cristianos actuales lo utilizan en sacramentos como la Confirmación y el Orden sacerdotal.

Fe: es un acto de asentimiento a una serie de verdades y la confianza en una persona. Los milagros exigen la fe de quien los recibe.

Estupor: asombro, pasmo.

Trabajamos sobre el texto

- **Preparamos la lectura.** Antes de leer el texto, contestad estas preguntas en voz alta: ¿conoces algún milagro de Jesús? ¿Qué sabes sobre la resurrección de la hija de Jairo?
- **Leemos el texto.** Primero, estad atentos a la lectura del profesor o de un compañero. Después, leedlo de forma individual.

1. Elabora una tabla con dos columnas. En la columna de la derecha enumera los personajes que aparecen en el texto (sin incluir a Jesús). En la columna de la izquierda, concreta cómo se relacionan con Jesús y cómo reaccionan ante sus obras.
2. Describe cómo actúa Jesús en el texto. ¿Qué hace? ¿Qué dice?
3. Para introducirnos en el texto, dramatizad el texto que acabamos de leer. Prestad atención a los sentimientos que vivía el personaje que te haya tocado representar y exprésalo por escrito.
4. Imagina que la hija de Jairo narra su encuentro con Jesús. Haz una recreación de cómo sería esa recreación, qué aspectos destacaría, qué supuso para ella el encuentro con Jesús.

Hay que llamar la atención en cómo hay un cambio en los testigos de los milagros de Jesús. Antes del milagro suelen estar sumidos en la tristeza o la desesperanza. Tras la acción de Jesús surge la alegría y la esperanza.

Pistas para aprender a leer la Biblia

Los milagros son hechos extraordinarios que escapan a nuestro entendimiento. Es decir, por mucho que lo intentemos no podremos entenderlos solo por nuestra razón. Como ya hemos indicado, los milagros exigen la fe y la confianza como requisito para entenderlos como signos del Reino de Dios.

Los milagros no son un valor absoluto. Tienen valor como revelación de la presencia y acción salvadora de Dios, es decir, como signos de la presencia del Reino de Dios.

CONOCEMOS

Los milagros de Jesús

Jesús realizó numerosos hechos extraordinarios. Hemos visto algunos de ellos tal como aparecen en los evangelios.

Para tener una visión más global de los milagros de Jesús como signos del Reino de Dios te ofrecemos una sencilla clasificación según el contexto en el que se realizan o el efecto que producen:

- **Milagros sobre la naturaleza.** Son milagros en los que Jesús somete a algún fenómeno de la naturaleza como el caso de la tempestad calmada (Mt 8,23-27) o aparecen acciones que escapan a la comprensión que tenemos como cuando Jesús aparece andando sobre las aguas (Mc 6,45-52).
- **Don de alimento y bebida.** Jesús realiza milagros para satisfacer las necesidades de los que le seguían como es el caso de la multiplicación de los panes (Mt 15,32-38) o la pesca abundante (Lc 5,4-11). También podemos situar aquí el primero de los milagros que realizó Jesús según el Evangelio de Juan con el que inauguró su vida pública: la conversión del agua en vino en las bodas de Caná (Jn 2,1-11).
- **Curaciones**: Son las más frecuentes en los evangelios. Entre otros, Jesús aparece curando a los leprosos (Mt 8,1-4; Lc 17,11-19), a los paralíticos (Mt 9,1-8; Jn 5,1-18), a los ciegos (Mt 9,27-31; Mc 8,22-26; Jn 9,1-12), y a los sordos (Mc 7,32-37).
- **Resurrecciones**: Jesús aparece devolviendo a la vida a personas en tres ocasiones. Una ya la hemos leído en esta unidad (la hija de Jairo, en Mc 5,21-24,35-43). Las otras dos son la resurrección del hijo de la viuda de Naim (Lc 7,11-17 y de su amigo Lázaro (Jn 11,1-44).

1. Dibuja cinco recuadros que se corresponden con la clasificación de milagros que acabamos de ofrecer. Anota en cada uno las citas de los milagros que lo representan y alguna imagen alusiva.
2. Los milagros de Jesús son signos del Reino de Dios. ¿Qué nos indican sobre el Reino los cinco tipos de milagros que hemos estudiado?

RECORDAMOS

1 En papel continuo colocando en la pared vamos a hacer un mural de los milagros de Jesús.

- Buscad en los evangelios los milagros de Jesús que aparecen. Os ponemos la cita de algunos de ellos: Mt 8,23-27; Mt 15,32-38; Mc 8,22-26, Jn 9,1-12, Mc 7,32-37, Lc 14,1-6.
- Buscad cuadros que lo representen o representadlos vosotros gráficamente en el mural.
- Clasificad las imágenes poniendo debajo el texto bíblico al que hace referencia. Podéis reproducir el texto de alguno de los milagros.

2 Copia en tu cuaderno el mapa conceptual de la unidad y complétalo. Después, amplía el contenido con lo que has aprendido.

Los milagros de Jesús
The miracles of Jesus

- Son signos del Reino de Dios.
  Signs of the ..... of God.
- Dan testimonio de Jesús, Hijo de Dios.
  Proof of Jesus as the ..... of God.
- Exigen la fe y la aceptación de Jesús.
  Demand ..... and acceptance of Jesus.

6 Jesús vive para siempre

Pedro, Li, Elisa y Moussa han asistido al homenaje dedicado a un personaje famoso de la ciudad.

Jesús contaba que tenía que morir.
Nadie entendía lo que les quería decir.
Y a los tres días Él decía que iba a resucitar,
que iba a resucitar.

Para ser un buen explorador…
…y hacer presente a Jesús:

- Me preparo en silencio
- Abro los ojos y observo
- Comparto lo que veo
- Pienso

Me hago preguntas: ¿qué hacen las personas de la imagen?

1 Preguntas para el diálogo

Hay personas que, por la importancia de lo que hicieron en su vida, perduran en el recuerdo. Hay muchas formas de hacerlas presentes en nuestra vida cotidiana: estatuas, nombres de colegios que recuerdan su legado, nombres de calles, etc.

- ¿Qué nombres de calles, colegios o de hospitales conocéis que lleven el nombre de una persona importante?
- ¿Qué conocéis de estas personas? ¿Por qué se les recuerda?

2 Trabajamos juntos: investigamos sobre una persona importante

- En equipo, elegimos una persona importante que dé nombre a nuestro colegio, a nuestra calle o a un parque cercano…
- Buscamos información en internet sobre su vida, sobre lo que le ha hecho famoso, sobre la repercusión que tiene su legado o su obra en nuestro entorno.
- ¿Qué podemos aprender de esa persona?

3 Trabajamos juntos: transmitimos la Buena Noticia

Para los cristianos la persona más importante, y la que da sentido a nuestra fe, es Jesús. Por ello hay muchas estatuas, pinturas, etc., que recuerdan momentos de su vida. Los más importantes son su nacimiento y su muerte y resurrección; por eso los encontramos representados en muchos lugares del mundo.

- ¿Qué momentos de la vida de Jesús se conmemoran en Semana Santa?
- ¿Qué celebramos en Pascua?

Tu grupo pop preferido

15 DE FEBRERO

La resurrección de Jesús en el arte

Publicado por Li

En cualquier iglesia o en cualquier ciudad puedo ver pinturas y estatuas de personajes de la Biblia importantes para los cristianos. Y sobre todo son muy frecuentes las obras de arte que representan distintos momentos de la vida de Jesús. Uno muy destacado, que se ha reflejado de manera muy sobresaliente en el arte, es la resurrección de Jesús tras su muerte en la cruz.

Los evangelios nos muestran que Jesús resucitó:

«No os asustéis. Sé que estáis buscando a Jesús, el crucificado, pero no está aquí; ha resucitado, como dijo. Venid a ver el lugar donde lo pusieron. Id aprisa y decid a sus discípulos: "Ha resucitado y va a ir a Galilea antes que vosotros. Allí le veréis"».

He investigado sobre cómo refleja este acontecimiento en su obra algún pintor conocido. Aunque he encontrado muchos ejemplos, he descubierto uno pintado por El Greco hacia finales del siglo XVI y que he podido visitar en el Museo del Prado.

También me gusta mucho uno que pintó Paolo Veronese a finales del siglo XVI.

Comentario

Marc dice:

Es curioso ver cómo los pintores se imaginan un momento importante de la vida de una persona y lo plasman, a su estilo, en un lienzo.

15.02.16 a las 23:02

4 DE FEBRERO

La importancia de la Resurrección

Publicado por Moussa

Esta tarde me he encontrado con César. Él es el catequista de Confirmación de nuestra parroquia. Me ha dicho que venía de una oración para celebrar el tiempo pascual. Me ha explicado que el tiempo pascual son cincuenta días que los cristianos dedican a celebrar la Resurrección de Jesús. La Resurrección es tan importante para los cristianos que, tras la Semana Santa (donde celebran la pasión, muerte y Resurrección de Jesús), dedican siete semanas a celebrar y reflexionar sobre lo que la Resurrección significa.

Jesús resucitó de entre los muertos y vive para siempre junto al Padre. De esta forma, Jesús nos muestra que todos estamos llamados a la salvación y nos salva del pecado y de la muerte.

1 DE FEBRERO

La vigilia pascual

Publicado por Elisa

El sábado nos invitaron a cantar en la celebración de la vigilia pascual. Es una eucaristía especial en todos los sentidos. En primer lugar, se celebra a una hora algo extraña pues comenzamos a las once y media de la noche y terminó entrada ya la madrugada del domingo. Comenzamos así a celebrar la resurrección en el domingo, el día que Jesús resucitó. Además había símbolos muy bonitos: todos tomamos la luz de un cirio grande que simbolizaba a Cristo resucitado, nos echaron agua en recuerdo del agua de nuestro bautismo, renovamos el credo y las promesas bautismales. Además escuchamos muchas más lecturas que en una eucaristía habitual: esas lecturas hacían un recorrido por los momentos más importantes de la historia de la salvación y se centraban en el culmen de esa historia que es la resurrección de Jesús. Para terminar, todos recibimos a Jesús en la Eucaristía/**At the end, we all received Jesus in the Eucharist.**

Es una gran alegría que Jesús resucitara y nos llame a la vida. Por eso todos hemos terminado cantando: ¡Aleluya!

La Resurrección de Jesús

La Resurrección es el **centro de la fe en Cristo**, es la verdad fundamental que creyó y vivió la primera comunidad cristiana y que se ha transmitido, de generación en generación, hasta llegar a nuestros días.

Para acercarnos a este acontecimiento tenemos el **testimonio de los evangelistas** (Mt 28,1-15; Mc 16,1-8; Lc 24,1-12; Jn 20,1-9).

Pasado el sábado, un grupo de mujeres se acercan al sepulcro de Jesús para embalsamarlo, dado que había sido enterrado a toda prisa por la cercanía del sábado. Al entrar nos encontraron el cuerpo de Jesús y recibieron la noticia de la resurrección: «¿Por qué buscáis entre los muertos al que vive? No está aquí. Ha resucitado» (Lc 24,5-6). A continuación, esas mujeres dan testimonio a los apóstoles.

El encuentro con el Resucitado no se limitará al acontecimiento de la mañana de Pascua, sino que en los evangelios tenemos también testimonios de apariciones del Resucitado a los apóstoles o a algunos de sus seguidores (Mc 16,9-20, Lc 24,1-49; Jn 20,11-21,24)

Como vemos en estos testimonios, la Resurrección de Jesús se trata de un **acontecimiento real** por el que Cristo pasó de la muerte a la vida.

No se trató solo de una vuelta a la vida sino que **Jesús resucitó con un cuerpo glorioso** y ya no muere más sino que vive para siempre junto al Padre más allá del espacio y del tiempo.

La Resurrección es acción de Dios

Dios Padre, que creó todo de la nada, es un **Dios de Vida.** Por eso no podía dejar que su Hijo quedara en el sepulcro por cumplir su voluntad. Por ello, lo resucitó al tercer día. Así lo comprendieron los discípulos desde los primeros momentos: «A este Jesús lo resucitó Dios, de lo cual todos nosotros somos testigos. Exaltado, pues, por la diestra de Dios y habiendo recibido del Padre la promesa del Espíritu Santo, lo ha derramado» (Hch 2,32-33)

Con la Resurrección de su Hijo, Dios confirma la vida y el mensaje de Jesús y nos lo ratifica como Mesías e Hijo de Dios que está a su derecha.

Te ofrecemos **otros testimonios de los apóstoles** sobre esta vinculación de Dios con la Resurrección:

- «El Dios de Abrahan, de Isaac y de Jacob, el Dios de nuestros padres, ha glorificado a su siervo Jesús, al que vosotros entregasteis» (Hch 3,13).
- «El Dios de nuestros padres resucitó a Jesús, a quien vosotros matasteis, colgándolo de un madero. Dios lo ha exaltado con su diestra, haciéndolo jefe y salvador, para otorgar a Israel la conversión y el perdón de los pecados (Hch 5,31)

¿Sabías que...?

Los cristianos celebramos la fiesta de la Ascensión cuarenta días después del Domingo de Resurrección. En ella celebramos que Jesús Resucitado asciende al Cielo y vuelve a encontrarse con el Padre.

Resucitó por nosotros

La Resurrección de Jesús es la **confirmación** de la vida de Jesús, es decir, confirmación de todo que Cristo hizo y enseñó. Asimismo, nos **confirma la divinidad de Jesús.** La resurrección de Jesucristo da plenitud a su encarnación.

Por la Resurrección de Cristo Dios nos abre el **acceso a una nueva vida.**

Si su muerte nos libera del pecado, la resurrección supone la victoria definitiva que restaura nuestra relación con Dios del que somos hijos y nuestra fraternidad con los demás seres humanos de quienes somos hermanos.

Por último, la Resurrección nos sitúa ante la **esperanza de nuestra propia resurrección.**

Vivir en el **cielo** es vivir felices con Dios para siempre.

«Donde abundó el pecado, sobreabundó la gracia, para que, lo mismo que reinó el pecado a través de la muerte, así también reinará la gracia por la justicia para la vida eterna, por Jesucristo, nuestro Señor» (Rom 5,21).

Con la Resurrección de Jesús, Dios nos muestra que el mal y el pecado no tienen la última palabra.

Al igual que Cristo resucitó, los cristianos tenemos la esperanza de participar en la Resurrección de Jesús.

En efecto, **Jesucristo nos precede en el Reino glorioso del Padre** para que «nosotros, miembros de su cuerpo, vivimos en la esperanza de estar un día con Él eternamente».

Los números 20 y 21 del Catecismo *Jesús es el Señor* nos hablan de la muerte y resurrección de Jesús. El número 43 nos explica que al final de la vida Dios nos invita a todos a su Casa.

1 Copia en tu cuaderno y numera en orden los siguientes acontecimientos relacionados con la vida de Jesús:

- Día de Pentecostés
- Última Cena
- Domingo de Ramos
- Jesús muere en la cruz
- Ascensión de Jesús

2 Sin mirar en el libro explica el significado de estas palabras:

- Redentor
- Cielo

3 Busca y lee estas tres citas que se refieren a apariciones de Jesús Resucitado. Después, elige la que más te haya llamado la atención y coméntala con tus compañeros.

- Jn 20,24-29
- Mc 16,1-8
- Jn 20,11-18

Nos preparamos para leer la Biblia

La Creación — Jesús — Se establece cómo debe celebrarse la Pascua cristiana (Nicea 325 d. C.) — Nosotros

Muerte de Jesús (33 d. C.)

¡Ha resucitado!

Mt 28,1-8

- Describe lo que ves en la ilustración y ponlo en común con tus compañeros.
- ¿Qué están haciendo los personajes que aparecen?
- ¿Qué título pondrías a esta escena?

Pistas sobre el texto

Las mujeres son las primeras en enterarse de que Jesús ha resucitado. Llenas de miedo, pero también de alegría, corren a comunicárselo a los demás.

La noticia de la resurrección de Jesús da fuerza y alegría a sus seguidores. La muerte de Jesús no ha sido el final, Él resucita y nos trae la vida.

Vocabulario

Alborear: amanecer.

Sepulcro: construcción de piedra donde se entierra un cadáver.

Centinela: soldado que vigila un puesto.

Yacer: estar tumbado.

Trabajamos sobre el texto

- **Preparamos la lectura.** Antes de leer el texto, contestad estas preguntas en voz alta: ¿conocéis el texto que vamos a trabajar? ¿Qué os sugiere el título?
- **Leemos el texto.** Primero, estad atentos a la lectura del profesor o de un compañero. Después, leedlo de forma individual o en parejas.

1. Contesta estas preguntasen tu cuaderno:
   - ¿Quiénes se dirigían al sepulcro de Jesús? ¿Por qué?
   - ¿Qué sucedió entonces?
   - ¿Cómo se sintieron las mujeres?
   - ¿Qué les dijo el ángel?
2. Los discípulos de Jesús se encontraban tristes y asustados tras su muerte. Escribe en tu cuaderno cómo crees que se sentirían después de saber que había resucitado.

   A continuación pon en común lo que has escrito con tus compañeros.
3. Busca en la Biblia otros libros de Sabiduría (ver recuadro azul). Escribe sus nombres en tu cuaderno e investiga de qué tratan.

En la Biblia hay unos libros que son especiales, son los llamados de Sabiduría. En ellos encontramos oraciones, poemas de alabanza a Dios, proverbios, historias... Por ejemplo, el libro de los Salmos se compone de oraciones de alabanza para ser cantadas, de salmos en los que se pide ayuda a Dios, se hace memoria de cosas pasadas, se pide perdón...

Pistas para aprender a leer la Biblia

No todas las biblias están traducidas exactamente igual, cada una de ellas utiliza un vocabulario y unas expresiones diferentes. Lo importante es que siempre dicen lo mismo, aunque no se empleen las mismas palabras.

Haced la prueba en clase: leed el mismo texto de varias biblias diferentes, y veréis cómo encontráis palabras y expresiones distintas. Por ejemplo: Mc 4,3-8.

La presencia del Resucitado

Apariciones a los discípulos

Desde la mañana de la Resurrección, los seguidores de Jesús van a ser testigos de su presencia. Así, como ya hemos visto, los evangelios nos transmiten como Jesús Resucitado se apareció a muchos de sus discípulos. En esas apariciones observamos que Jesús sigue siendo el mismo pero transformado. Mantiene las señales de la crucifixión, pero algunos de los seguidores no lo reconocen en el primer momento. En estos encuentros, Jesús invita a sus discípulos a ser testigos de la Resurrección y a construir el tiempo nuevo que inauguró la Pascua.

Jesús sigue presente hoy

Sin embargo, la presencia del Resucitado no se reduce a esos encuentros que nos relatan los evangelios sino que a lo largo de la historia de la Iglesia, Jesús ha acompañado a la comunidad creyente y sigue haciéndolo hoy. ¿De qué manera?

En los sacramentos

La forma privilegiada de encuentro con Jesús Resucitado es la celebración de los sacramentos. En ellos descubrimos al Resucitado que se nos entrega, nos acompaña y nos ofrece su salvación y su Vida nueva. Así, por el Bautismo nos incorporamos a la muerte y resurrección de Cristo y en la Eucaristía recibimos a Jesús Resucitado al comulgar de su cuerpo y de su sangre. Confirmación, Penitencia, Orden sacerdotal, Matrimonio y Unción de enfermos también nos permiten el encuentro con Cristo en distintos momentos y situaciones de nuestra vida.

En los sacramentos o en otras celebraciones de los cristianos hay algunos signos o gestos que nos evidencian esta presencia del Resucitado. Por ejemplo, el cirio pascual. Se trata de una vela grande de cera de abeja que se bendice en la vigilia pascual y que simboliza a Cristo Resucitado en distintos momentos (Bautismo, funerales, tiempo pascual, Confirmación...). También tiene que ver con la alegría pascual el canto o la recitación del Aleluya que se realiza en muchas celebraciones. Aleluya es un grito de júbilo que utilizaban los hebreos.

En los hermanos

Jesús vinculó también su presencia al amor a los demás. Hay que recordar el mandato que Jesús dio a sus discípulos en la Última Cena: «Os doy un mandamiento nuevo: que os améis unos a otros; como yo os he amado, amaos también unos a otros. En esto conocerán todos que sois discípulos míos: si os amáis unos a otros» (Jn 13,34). Jesús también dijo que «porque donde dos o tres están reunidos en mi nombre, allí estoy yo en medio de ellos» (Mt 18,20).

Esta presencia del Resucitado se hace más evidente en los pobres y necesitados como nos mostró Jesús en la parábola del juicio (Mt 25).

1. Lee la aparición de los apóstoles a los discípulos en Lc 24,36-49 y describe cómo se presenta el Resucitado. ¿Qué encomienda a sus seguidores? ¿Qué les promete?
2. ¿Por qué afirmamos que los sacramentos son la forma privilegiada de encontrarse con el Resucitado?
3. Busca y explica otros signos y gestos de la comunidad cristiana donde se manifiesta la presencia de Jesús hoy.

RECORDAMOS

1 Por grupos, reconstruid los encuentros con el Resucitado que aparecen en los evangelios.

- Cada grupo trabajará una cita bíblica e indicará: cómo aparece el Resucitado, qué palabras dice, qué gestos utiliza, qué pide a los discípulos.
- Cada grupo realizará una exposición de su pasaje evangélico.

2 Copia en tu cuaderno el mapa conceptual de la unidad y complétalo. Después, amplía el contenido con lo que has aprendido.

La Resurrección de Jesús
The Resurrection of Jesus

- Es un acontecimiento real.
  A ..... event.
- Es una acción de Dios.
  An ..... of God.
- Nos abre a una vida nueva.
  Opens for us the way to a .....
  - Confirmación de la vida y mensaje de Jesús
    Confirmation of the life and ..... of Jesus

LA HISTORIA DE LA IGLESIA

La Edad Media

476
Caída del Imperio romano de Occidente

610
Mahoma funda el islam

800
El papa León III corona emperador a Carlomagno

10

Acontecimiento

Expansión del islam

En el siglo VII se produce un acontecimiento que tendrá consecuencias muy importantes en la historia en general, y en la historia de la Iglesia en particular: el nacimiento y la expansión del islam.

A lo largo de los primeros siglos de su existencia su expansión por el Mediterráneo será muy grande: en concreto, su dominio sobre la península Ibérica, el norte de África y el Próximo Oriente cambiarán la configuración del mundo conocido hasta entonces; y tendrá consecuencias muy importantes para el Imperio cristiano de Oriente, que quedará muy debilitado.

Arte

Románico

El arte románico se desarrolla en Europa durante los siglos XI, XII y XIII. Las características principales de su arquitectura son la solidez y anchura de sus muros, el arco de medio punto y la armonía y sencillez de sus formas. En cuanto a la pintura y a la escultura, es importante destacar que se utilizaban con fines catequéticos. Sus escenas y temas servían para llevar el Evangelio a la población, que, en su mayoría, no sabía leer ni escribir.

Orden religiosa

Los Caballeros Templarios

La Orden de los Caballeros Templarios se fundó en el siglo XII con el fin de proteger a los cristianos en Tierra Santa después de la Primera Cruzada. Se convirtió en una orden poderosa y famosa. Este poder y la situación favorable en la que se encontraba, sobre todo desde el punto de vista económico, hicieron que el rey de Francia Felipe IV conspirara para acabar con ella, lo que finalmente sucedió en 1312, cuando el papa Clemente V disolvió la orden.

1096
Primera Cruzada

1118
undación de la Orden de los Caballeros Templarios

1209
Fundación de la Orden Franciscana

h. 1225-1274
Santo Tomás de Aquino

1378
Cisma de Occidente

h. 1451
Nacimiento de Cristóbal Colón

1492
Descubrimiento de América

Algo que mantenemos

Las órdenes mendicantes

Durante la Edad Media surgieron una gran cantidad de órdenes religiosas motivadas por la realidad de pobreza que se había generado en torno a las grandes ciudades. Ejemplo de estas órdenes es la de los dominicos, fundada por santo Domingo de Guzmán, y la de los franciscanos, por san Francisco de Asís (en la imagen).

Personaje

Santo Tomás de Aquino

Es considerado uno de los más grandes pensadores y teólogos cristianos. Vivió durante el siglo XIII y su obra más importante es la *Summa Theologica*, donde realiza una síntesis de todos los aspectos fundamentales de la fe. También es famoso por sus cinco vías para demostrar la existencia de Dios.

Acontecimiento

Cisma de Occidente

El Cisma de Occidente se produjo entre 1378 y 1429. Durante ese período de tiempo hubo varios papas (hasta tres) que se disputaron el reconocimiento de toda la cristiandad como tal. Uno de los papas protagonistas del cisma, Benedicto XIII de Aviñón, más conocido como Papa Luna, instaló su sede papal en el castillo de Peñíscola (Castellón), en la imagen.

COOPERAMOS PARA APRENDER

Aprovechando que teníamos un puente, hemos venido unos días a casa de unos primos de Pedro. Nos está sirviendo para conocernos más, fuera del ambiente en el que nos relacionamos normalmente. Nos lo estamos pasando genial y, además, estamos descubriendo nuevos lugares.

MEJOR ENTRE TODOS

No os hemos dicho dónde estamos, a ver si con estas pistas sois capaces de descubrirlo...

Por cierto, ¿os acordáis de las ventajas de trabajar en equipo y los grupos que formasteis al final del primer trimestre? Pues volved a reuniros, que vais a trabajar juntos de nuevo.

Ahí van las pistas sobre el lugar en el que nos encontramos. Elaborad un listado con las ciudades que cumplan cada una de las condiciones, a ver cuántas conocéis de cada una.

- Es una ciudad bañada por el mar Mediterráneo.
- Es la capital de una comunidad autónoma.
- Tiene algún equipo de fútbol que juega en Primera División.
- Posee un aeropuerto internacional.

Ahora, un paso más: escribid las ciudades que aparecen en las cuatro listas.

Y ahí va la pista definitiva: es la que se encuentra más cerca de un país vecino europeo donde se habla francés.

Resumiendo, ya sabéis que estamos en...

GRUPOS DE INVESTIGACIÓN

Ahora observad estas imágenes y decid de qué lugares de esta ciudad se trata. Después podéis enumerar otros lugares importantes.

La Iglesia es el nuevo Pueblo de Dios. Al estar formada por tantas personas, requiere de una organización y estructura para que todo funcione.

GRUPOS DE INVESTIGACIÓN

Os proponemos buscar información sobre cómo es el funcionamiento de la Iglesia. Para ello, ejerceréis como investigadores de vuestra diócesis. Seguid estos pasos:

1. Elaborad un guion con preguntas para conseguir la información.
2. Pensad en las personas a las que podéis preguntar (padres, catequistas, profesores…).
3. Buscad en otras fuentes de información (biblioteca, hemeroteca, internet…).

Una vez obtenida la información, es importante que penséis en la estructuración de lo que vais a contar.

- Cada tema puede estar recogido en un apartado.
- Cada apartado puede tener un titular.
- A cada noticia puede acompañarle una imagen alusiva.

Os podéis repartir las tareas en parejas dentro del grupo.

Buscad la siguiente información:

- Nombre de vuestro obispo y de la diócesis a la que pertenecéis.
- Nombre de vuestra parroquia y del párroco.
- Patrón de la parroquia y celebraciones que se realizan en el día de su fiesta.
- Número de catequistas que trabajan en la parroquia y número de niños y niñas que participan.
- Labores principales que se llevan a cabo para mejorar la vida del barrio y de las personas que viven en él.
- Horario de las misas que se celebran durante la semana.

Con los datos obtenidos, elaborad un documento informativo (periódico, blog, vídeo…) que sirva para dar a conocer lo que habéis descubierto.

TRABAJO POR PAREJAS

Ahora podéis organizar un concurso en clase con lo que habéis aprendido.

Cada grupo cortará folios en cuatro partes. Escribid en una cara, con color rojo, preguntas sobre los datos conseguidos. Por la otra, en azul, apuntad la respuesta. Cuando tengáis todas las tarjetas para el juego, el profesor o profesora las mezclará y comenzará el concurso preguntando a cada grupo.

COOPERAMOS PARA APRENDER

Los cristianos tenemos una misión hoy en el mundo. Como sabéis, en una misma ciudad, conviven grupos numerosos de personas pertenecientes a diversas culturas y religiones. A continuación vamos a recordar cuáles son las religiones más importantes del mundo.

MEJOR ENTRE TODOS

Vamos a construir un gran puzle entre todos para aprender un poco más de geografía y recordar también las religiones más importantes de cada país.

- Para conseguirlo, buscad algún mapamundi que no utilicéis, o ampliad uno a un tamaño grande. Podéis elegir los colores de cada religión para pintar cada país del color señalado.
- Después, repartid los continentes entre cada grupo, para que se encargue de pintar, señalar los países y recortarlos…
- Una vez que lo tengáis hecho podéis inventar pequeños concursos para realizar en clase. Por ejemplo:
  - Contar el tiempo que tarda cada grupo en formar un continente.
  - Medir el tiempo que se tarda en encontrar un país entre todas las piezas…

¡Echadle imaginación! Os puede ser muy útil para familiarizaros con los países de los diferentes continentes.

GRUPOS DE INVESTIGACIÓN

Los cristianos hacemos muchas cosas en comunidad. Por ejemplo, celebramos fiestas en torno a la vida de Jesús, de María, de los santos…

En grupos, buscad información sobre las fiestas más importantes que celebramos los cristianos. Después, compartid lo que habéis descubierto con el resto de la clase.

Hoy hemos visitado el templo de la Sagrada Familia, es impresionante.

Como hace poco recordamos lo que celebramos en Semana Santa, hemos estado un buen rato observando la fachada de la Pasión, donde aparecen muchos de los elementos que se recuerdan en esas fechas. Os animamos a buscar información y aprender cosas sobre ella.

GRUPOS DE INVESTIGACIÓN

En los diferentes grupos, buscad información para presentar a la clase sobre la Sagrada Familia, su autor, fecha de inicio de su construcción…

Después, centraos en la fachada de la Pasión. Buscad datos e imágenes sobre ella. A continuación, elegid una parte que os llame la atención y dibujadla en una cartulina. Aunque el original es de piedra gris, podéis colorearla como os guste a vosotros.

Para terminar, elaborad entre toda la clase un listado de los momentos de la vida de Jesús que aparecen representados en esta fachada. Intentad ordenarlos cronológicamente.

7 La Iglesia, cuerpo de Cristo

Pedro, Li, Elisa y Moussa están ensayando una canción que preparan para el festival benéfico de la diócesis.

La Iglesia que queremos
está hecha de sueños
de mirar al mundo con los ojos del Evangelio...

Para ser un buen explorador…
… y trabajar en comunidad:

- Me preparo en silencio
- Abro los ojos y observo
- Comparto lo que veo
- Pienso

Me hago preguntas: ¿qué hacen Pedro, Li, Elisa y Moussa? ¿Dónde están?

1 Preguntas para el diálogo

- ¿Realizan una actividad individual o colectiva?
- ¿Qué beneficios destacarías del trabajo en equipo?

La Iglesia lleva el mensaje de Jesús a todos los pueblos. Esta misión, que le fue encomendada por el propio Cristo, es lo que ha motivado, motiva y motivará su existencia y toda su obra en el mundo. Son millones los cristianos que han pertenecido a la Iglesia y han encontrado la felicidad en sus comunidades que hoy están repartidas en los cinco continentes.

Pero la Iglesia está compuesta por miles de parroquias que abren sus puertas a los que quieren escuchar la Palabra de Dios, rezar o necesitan ayuda económica o espiritual. En ellas hay voluntarios que acogen a todos los que vienen. Ellos les dan lo mejor que tienen: su tiempo.

2 Trabajamos juntos: preparamos una entrevista

Imaginaos que tenéis que realizar un artículo para la revista del colegio sobre la parroquia de vuestro barrio y la misión que cumplen los sacerdotes y voluntarios que colaboran en ella. Una forma de recabar información puede ser entrevistar al párroco o a alguno de los voluntarios que colaboran en ella.

- Entre todos, pensamos y redactamos las preguntas que vamos a hacerles.
- Concertamos un encuentro con el párroco o algún voluntario para realizar la entrevista.
- Anotamos sus respuestas y elaboramos con ellas el artículo.

Tu grupo pop preferido

18 DE ABRIL

Actuación en el bautizo de Mario

Publicado por The Agapes

La semana pasada colaboramos en la parroquia cantando una canción. Fue un regalo que le hicimos a Marc en el bautizo de su hijo. Fue un momento muy especial...

Aprovechamos que íbamos a actuar en la celebración del Bautismo de Mario para hacernos una foto.

Vimos signos que nos llamaron la atención: los padres y los padrinos mostraron su fe, se les entregó una vela y se derramó agua sobre Mario «En el nombre del Padre, del Hijo y del Espíritu Santo».

Comentario

Marc dice:

¡Me encanta la foto! Por favor, enviádmela por correo.

18.04.16 a las 21:15

12 DE ABRIL

Nuestro obispo

Publicado por Pedro

El otro día conocimos a nuestro obispo, que vino a la parroquia porque algunos amigos iban a recibir el sacramento de la Confirmación. Estuvo un rato hablando con nosotros y le hicimos algunas preguntas sobre lo que hace. Nos gustaron mucho sus respuestas.

Lo que más nos ha llamado la atención es que explica que su misión consiste en enseñar, santificar con su trabajo y oración y gobernar, todo ello con una actitud de servicio a los cristianos que formamos parte de la diócesis. Algo fundamental es su misión de administrar los sacramentos. Nosotros pensábamos que iba a ser mucho más complicado poder hablar con él...

8 DE ABRIL

La diversidad en la Iglesia

Publicado por Moussa

Esta semana hemos tenido un encuentro muy especial. Como la parroquia está celebrando sus fiestas patronales, el martes pasado tuvimos un encuentro de todos los grupos y personas que componen la parroquia. Estuvieron presentes los niños que se preparan para la Primera Comunión junto a sus padres y catequistas, los jóvenes que van a recibir la Confirmación y los que están comprometidos en el grupo de Cáritas. También había un grupo de personas mayores que se dedican a la oración por la comunidad y una comunidad de vida que comparte su tiempo y misión. Estuvieron presentes también las Hijas de la Caridad, que son una comunidad de religiosas que tienen un colegio muy cerca y acompañan a diversos grupos. La reunión la animaron Pedro y Pablo, que son los dos sacerdotes de la parroquia.

2 DE ABRIL

Imagina…

Publicado por Elisa

El otro día participamos en una vigilia de oración por la paz. Todos los que estuvimos allí cantamos una canción escrita en 1971, que tiene un mensaje muy actual. Habla de imaginar un mundo mejor, sin conflictos, sin diferencias… Tiene ideas tan directas como estas:

«Imagine all the people
living for today…
Imagine there's no countries,
it isn't hard to do.
[…]
You may say I'm a dreamer,
but I'm not the only one.
I hope someday you will join us,
and the world will be as one».

Imagina a todo el mundo
viviendo el día a día…
Imagina que no hay países,
no es difícil hacerlo…
[…]
Puedes decir que soy un soñador,
pero no soy el único.
Espero que algún día te nos unas,
y el mundo vivirá como uno solo.

JOHN LENNON
Imagine

La Iglesia, cuerpo de Cristo

Una de las imágenes que se ha utilizado para comprender qué es la Iglesia es la comparación con un cuerpo. Al igual que el cuerpo está compuesto por distintos miembros que se necesitan unos a otros y donde cada uno cumple su función, la Iglesia está formada por distintas personas y grupos que se mantienen unidas para seguir a Cristo.

La cabeza de ese cuerpo que es la Iglesia **es el mismo Cristo,** a quien obedece. En efecto, en ese cuerpo que es la Iglesia, la vida de Cristo se comunica a los creyentes que se unen a Cristo por medio de los sacramentos. Él hace que todo el cuerpo crezca para Dios, compacto y estructurado (Col 2,19). Él llama a cada uno a un servicio para que nos ayudemos mutuamente a salvarnos y a llegar a Él.

Para hacer posible que todos los miembros se renueven, **Cristo nos dio su Espíritu** que da vida, unidad y movimiento a todo el Cuerpo.

Un cuerpo con muchos miembros

Para hacer posible el crecimiento de este cuerpo y que camine hacia Dios, Cristo instituyó diversos servicios (ministerios) para ayudar a todos los miembros de la comunidad eclesial. Las personas que llevan a cabo estos ministerios reciben el nombre de **ministros** y están al servicio de los demás cristianos para que tomen conciencia de cuánto les ama Dios y que les llama a la salvación.

¿Sabías que...?

Llamamos Historia de Salvación a la historia del Pueblo de Dios. Abraham, Moisés y David son algunos de sus protagonistas. Jesús es el verdadero centro de esta historia.

Los obispos

El primero de estos ministerios es el de los obispos. Los obispos son los **sucesores de los Apóstoles.** Como recordarás, Jesús eligió a Doce de sus seguidores para que estuvieran con Él y para que colaboraran con Él en el anuncio del Reino de Dios (Mc 3,13-19). A estos apóstoles les pidió que hicieran discípulos suyos de todos los pueblos y que santificaran y gobernaran a su pueblo. Esa tarea la continúan hoy sus sucesores, los obispos.

La misión de los obispos es presidir en nombre de Dios la comunidad cristiana, son maestros que enseñan, sacerdotes encargados de la liturgia y ministros que ejercen el gobierno. Son tres sus funciones principales: el oficio de **enseñar**, el de **santificar** y el de **regir.** Por tanto, los obispos hace las veces del mismo Cristo, Maestro, Pastor y Sacerdote, y actúan en su nombre.

Los obispos de todo el mundo están unidos y forman un grupo o colegio que está presidido por el obispo de Roma, que recibe el nombre de **Papa** y es el sucesor de san Pedro, a quien Jesús puso al frente de la Iglesia.

Presbíteros y diáconos

Para llevar a cabo su misión, los obispos, como sucesores de los Apóstoles, tienen unos colaboradores:

- Los **presbíteros** son aquellos que han recibido el sacramento del Orden sacerdotal y **ayudan a los obispos** a anuncia el Evangelio, dirigir a la comunidad cristiana y celebrar la liturgia. Presiden la Eucaristía, celebran el sacramento de la Penitencia, se dedican a la predicación y a la catequesis. Los presbíteros hacen por tanto presente al obispo en cada comunidad local.
- Los **diáconos** no ejercen el sacerdocio pero **colaboran con los obispos** y presbíteros en el ministerio de la liturgia, de la palabra y de la caridad. Pueden administrar el Bautismo, distribuir la Eucaristía, celebrar un matrimonio, enseñar y animar a la comunidad...

Los laicos

Dentro del cuerpo que es la Iglesia, junto a la Jerarquía podemos distinguir otro miembro que son los laicos. Este grupo está formado por los cristianos que han recibido el Bautismo y forman parte del Pueblo de Dios (excepto los que han recibido el orden sagrado y los religiosos) y tienen como misión hacer presente a Dios en medio del mundo. Por tanto, los laicos en sus trabajos, en sus familias, en su compromiso social o político están **llamados a ser semilla del Reino de Dios** para santificar la realidad y que vaya caminando hacia lo que Dios quiere. Están llamados a ser sal y luz en medio del mundo y a participar de la misión de Jesús mediante su apostolado que haga presente a la Iglesia en los lugares donde solo puede llegar por medio de ellos. Su misión es **extender el Reino que Jesús anuncio** (un Reino de verdad y de vida, de santidad y de gracia, de justicia, amor y paz). El Concilio Vaticano II lo expresó con unas palabras muy acertadas de san Juan Crisóstomo: «Lo que el alma es al cuerpo, eso han de ser los cristianos en el mundo».

El **Papa** es también el obispo de Roma y su sede es la Basílica de San Juan de Letrán (en la imagen inferior), considerada la cabeza de todas las iglesias del mundo.

Los laicos tienen una función distinta de la jerarquía pero complementaria y ambas poseen la misma dignidad. Todos están llamados a colaborar y a respetar las distintas funciones.

El número 2 del Catecismo *Jesús es el Señor* explica que somos una gran familia. El número 25 nos dice que hoy nosotros somos la Iglesia.

1. Realiza el dibujo de la silueta de un cuerpo que representará a la Iglesia. Señala cuál sería el lugar de Cristo. En los distintos miembros escribe los distintos ministerios que hemos estudiado y resume en una frase su misión fundamental.
2. Identifica y describe los rasgos y funciones de los diferentes miembros de la comunidad eclesial.
3. Investiga y señala las principales similitudes y diferencias entre obispos, presbíteros, diáconos y laicos.
4. ¿Conoces a tu obispo? ¿Cómo se llama? ¿Dónde vive? ¿A qué se dedica en el día a día? ¿Qué ha estudiado? ¿Qué aficiones tiene? ¿Cuáles son sus preocupaciones y sus alegrías respecto a la diócesis? Seguro que con algo de ayuda puedes responder a algunas de estas preguntas. Os proponemos redactar una carta al obispo de vuestra diócesis en la que resumáis lo que habéis aprendido en esta unidad y le preguntéis algunas cosas para conocerle mejor. ¡Quizá pueda venir a visitaros en el colegio! ¿Os animáis a invitarle?

Nos preparamos para leer la Biblia

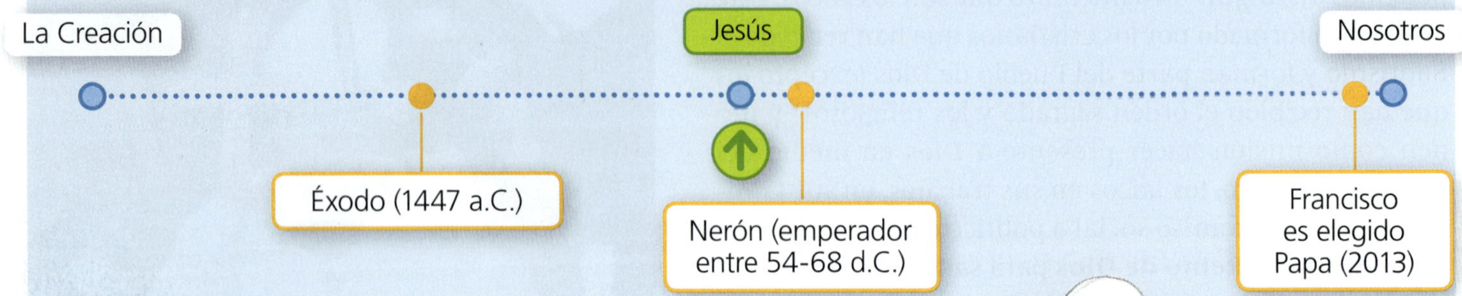

Todos importantes, todos necesarios

1 Cor 12,12-20

- Observa las ilustraciones y explica qué tienen en común estas personas.
- Comenta qué está haciendo cada una de ellas.
- ¿Están haciendo todos lo mismo?
- ¿Son necesarias todas sus acciones?

Pistas sobre el texto

Nuestro texto de hoy está escrito por san Pablo. Pertenece a una de las cartas que escribía a las comunidades de cristianos que había fundado en sus viajes. En las cartas siempre les recordaba lo más importante del mensaje de Jesús.

Aquí utiliza una comparación para que entiendan mejor lo que les quiere decir; compara la Iglesia con... Leed el texto, a ver si os dais cuenta.

Vocabulario

Cristo: nombre que los cristianos le damos a Jesús; significa el Mesías, el ungido.

Esclavo: persona que está privada de libertad.

Espíritu: se refiere al Espíritu Santo que Jesús nos envía; nos da fuerza, valor, alegría...

Distribuir: dar a algo la colocación o el destino que le conviene.

Trabajamos sobre el texto

- **Preparamos la lectura.** Antes de leer el texto, contestad estas preguntas en voz alta: ¿qué creéis que significa el título del relato? ¿Estáis de acuerdo con la frase? ¿Por qué?
- **Leemos el texto.** Primero, estad atentos a la lectura del profesor o de un compañero. Después, leedlo de forma individual.

1. ¿Con qué compara Pablo a la Iglesia? ¿Para qué lo hace? Justifica tu respuesta. Elabora una lista de cosas o imágenes con las que se puede comparar la Iglesia.
2. Observa la imagen y descríbela en tu cuaderno. Busca dos cosas de la imagen que puedas relacionar con la lectura y escríbelas también. Coméntalas con tu compañero o compañera.

3. ¿A qué se parece más la Iglesia de Jesús? Razona tu respuesta.
   - A una familia
   - A una colmena
   - A un grupo de amigos
4. Según el texto, ¿qué es lo que mantiene unidos a todos los cristianos? Justifica tu respuesta.
   - La amistad
   - El Espíritu de Dios
   - Reunirse para estar juntos

Pablo quiere decirnos que todos somos importantes y necesarios en la Iglesia de Jesús. Cada uno tenemos nuestra función y nuestra tarea, pero todos formamos la gran familia de los hijos de Dios. Y, como una familia, nos respetamos, queremos y valoramos, aunque seamos diferentes. Nuestra Iglesia debe ser signo del amor de Dios a las personas.

Pistas para aprender a leer la Biblia

Para comprender mejor los textos bíblicos hay que tener en cuenta que su lenguaje es, en ocasiones, algo complejo. Son textos antiguos, con vocabulario y expresiones que no conocemos o no comprendemos.

Es importante preguntar y buscar el significado de todo lo que no entendáis antes de poneros a trabajar. Vuestro profesor o profesora puede ayudaros.

La vida consagrada (los religiosos)

Es una forma de vivir la fe cristiana que consiste en el compromiso de vivir los consejos evangélicos: pobreza, obediencia y castidad. Todos los cristianos están llamados a vivir estos consejos evangélicos pero hay algunos que sienten una llamada especial para vivirlos de una manera «más íntima», siguiendo más de cerca a Cristo.

«La vida consagrada a Dios se caracteriza por la profesión pública de los consejos evangélicos de pobreza, castidad y obediencia en un estado de vida estable reconocido por la Iglesia» (CIC 944).

Los religiosos no son un estado intermedio entre el clero (obispos, presbíteros y diáconos) y los laicos sino que Dios llama a cristianos de ambos estados a participar de una forma peculiar de seguimiento para mostrar a Dios en medio del mundo.

La pobreza, la obediencia y la castidad son tres formas concretas de asemejar su vida a la de Jesús. Así, se comprometen a hacer de Dios el centro de sus vidas sin tener nada propio, viviendo como los pobres, obedeciendo la voluntad de Dios en todos (especialmente en sus superiores) y entregando su corazón a Dios, renunciando a la vida conyugal.

Esta forma de seguir a Jesús se concreta de diversas formas (solitaria o comunitaria) y en diversas familias religiosas que se desarrollan para el bien de sus miembros y para enriquecer a toda la Iglesia, cuerpo de Cristo. Benedictinos, carmelitas, agustinos, dominicos, jesuitas, mercedarios y franciscanos son algunas de estas familias. En el caso de la vida consagrada comunitaria estas familias suelen surgir por inspiración de un fundador que recibe una llamada para vivir su consagración de un forma determinada. Algunos ejemplos de fundadores son Francisco de Asís, Ignacio de Loyola, Teresa de Jesús, Domingo de Guzmán, Ana Mogas, Joaquina Vedruna y Paula Montal.

La vida consagrada ha desempañado un papel muy importante en la vida de Iglesia y en la historia de la humanidad. Mantienen numerosos centros educativos, hospitales, su contribución a la labor misionera de la Iglesia ha sido muy significativa, jugaron un papel muy importante en la difusión de la cultura, están presentes entre los más desfavorecidos...

1. Enumera cuáles son las características propias de la vida consagrada.
2. Identifica a alguna orden religiosa que este presente en tu entorno más cercano (barrio, parroquia, colegio, localidad...). Investiga a qué congregación pertenecen, cuáles son sus características, cuál es su misión, quién fue su fundador.
3. Escoge alguno de los fundadores que hemos nombrado y busca una presentación de su vida y realiza una síntesis de ella en tu cuaderno.

RECORDAMOS

1. En pequeños grupos, preparad entrevistas para realizar a personas de la parroquia que lleven a cabo diferentes funciones:

- Elegid primero entre todos a qué personas vais a entrevistar y repartid los elegidos entre los grupos.
- Preparad un listado para elaborar las preguntas.
- Estudiad la mejor manera de recoger las respuestas: por escrito, grabadas en audio, en vídeo…
- Elegid las partes más importantes de las entrevistas para presentarlas al resto de la clase.

2. Copia en tu cuaderno el mapa conceptual de la unidad y complétalo. Después, amplía el contenido con lo que has aprendido.

La Iglesia, cuerpo de Cristo
The Church, body of Christ

Cristo es la cabeza. Diversidad de miembros	La jerarquía (obispos, presbíteros y diáconos)	Los laicos	Los religiosos
Christ is the ..... Different members	Hierarchy (bishops, priests and .....)	Laypeople	Members of religious orders

8 Iglesia, servidora del ser humano

Pedro, Li, Elisa y Moussa están preparando un festival de la amistad en la parroquia.

Sé que estás en el fondo de mí, sé que estás vivo y no encerrado sin salir. Quiero cantar la palabra que tú nos enseñaste, para hacerla sonar así…

Para ser un buen explorador…
… y celebrar la amistad:

- Me preparo en silencio
- Abro los ojos y observo
- Comparto lo que veo
- Pienso

Me hago preguntas: ¿qué están preparando Pedro, Li, Elisa y Moussa? ¿Cómo lo preparan?

1 Preguntas para el diálogo

- ¿Te gustan las fiestas?
- ¿Qué es lo que más te gusta celebrar?
- ¿Qué es lo que no puede faltar en una fiesta?

En la fiesta las personas nos sentimos unidos con un objetivo común. Celebramos fiestas por muchas cosas: un cumpleaños, la Navidad, el santo de un amigo, la Semana Santa, el patrón del pueblo, el aniversario de la boda de los padres...

Los cristianos, además, celebramos algo muy importante: Dios se ha hecho hombre en Jesús de Nazaret y nosotros todos los días podemos encontrarnos con Él en la fiesta de la Eucaristía. Allí podemos vivir el amor de Dios y el amor de los hermanos: nuestra acción de gracias a Dios por querernos y por permitir que estemos juntos celebrando la paz, la unidad, el amor y la misericordia.

2 Trabajamos juntos: preparamos la fiesta de la amistad en clase

- Entre todos creamos un ambiente de calma y dedicamos unos instantes a reflexionar personalmente sobre las cosas que más nos gustan del grupo de clase.
- Ponemos en común las ideas y elegimos algunas de ellas para que se conviertan en un motivo de celebración.
- Entre todos elegimos cómo queremos celebrarlo y lo que necesitamos para hacerlo.
- Distribuimos tareas por equipos.
- En equipo, decidimos cómo desarrollar la tarea asignada y colaborar de la mejor manera en la preparación de la fiesta.

Tu grupo pop preferido

10 DE MAYO

Un nuevo sacerdote

Publicado por The Agapes

Hoy hemos vivido una celebración muy especial en nuestra parroquia. Ramón, un joven que fue catequista, después de varios años estudiando, ha sido ordenado sacerdote. Sus antiguos compañeros han traído un montón de flores para adornar la iglesia y han dejando todo muy bonito. Es una forma de mostrar que es una celebración muy importante para todos.

29 DE ABRIL

El Credo

Publicado por Pedro

En clase de religión estamos recordando el Credo. El profesor nos ha explicado que no es una oración sino un anuncio de lo que creemos los cristianos. En la parroquia a veces lo cantamos con una versión que, aunque ya es un poco antigua, nos ayuda mucho a entenderlo. Carlos Mejía Godoy escribió la canción para que la gente humilde de Nicaragua entendiera lo que decía.

«Creo, Señor, firmemente
que de tu pródiga mente
todo este mundo nació,
que de tu mano de artista,
de pintor primitivista,
la belleza floreció.
Las estrellas y la luna,
las casitas, las lagunas,
los barquitos navegando
sobre el río rumbo al mar...».

Lord, I firmly believe
that this entire world was born
of your fertile mind,
that from your artist's hand,
primitivist painter,
beauty flowered.
The stars and the moon,
little houses, pools,
little boats sailing
over the river bound for the sea...

Comentario

Marc dice:

¡Me encanta esta canción! Aunque es antigua no pasa de moda.

29.04.16 a las 23:05

26 DE ABRIL

Una persona con carisma

Publicado por Elisa

El otro día vino a visitarnos Jorge. Es un misionero de la orden de San Juan de Dios que desarrolla su labor en un hospital de Sierra Leona. Me pareció una persona muy interesante. Su forma de hablar y su alegría mostraban que es muy feliz con la misión que desarrolla. Él nos dijo que se siente un servidor. «Yo no he ido allí con un fin determinado sino que voy porque Dios me ha llamado y con el deseo de ser servidor de todos». Esta forma de definirse como un servidor me ha llamado mucho la atención porque no tiene nada que ver con lo que encontramos por aquí. Continuamente nos hablan de competir, de ser los mejores, de buscar el prestigio.

Me ha parecido que Jorge es una persona con mucho carisma en un doble sentido: posee la capacidad de atraer o fascinar y ha recibido de Dios un don que pone al servicio de la comunidad.

23 DE ABRIL

El compromiso de la Iglesia

Publicado por The Agapes

Este fin de semana hemos estado ensayando y el domingo, en un momento de descanso, abrimos un periódico del padre de Elisa y nos encontramos un folleto donde se contaban todas las cosas que hacía la Iglesia y a qué dedicaba el dinero que recibía. Nos llamó mucho la atención comprobar cuántas tareas desempeñan los cristianos y cómo estas se desarrollan en ámbitos muy distintos: educación, sanidad, servicios sociales, inmigración, templos, patrimonio… El martes, al llegar a la clase de religión, le llevamos al profesor el folleto y él nos dijo que la Iglesia se entiende como servidora del ser humano siguiendo el ejemplo de Jesús.

Una Iglesia que sirve

La Iglesia recibió de Jesús el **mandato de ser misionera:** «Id, pues, y haced discípulos a todas las gentes bautizándolas en el nombre del Padre y del Hijo y del Espíritu Santo, y enseñándoles a guardar todo lo que yo os he mandado» (Mt 28,19-20). Este mandato nace del amor de Dios por toda la humanidad y su deseo de que todos se salven y lleguen a la verdad.

Por tanto, podemos afirmar que Dios es el protagonista de la misión de la Iglesia pues Él es impulso que mueve a los cristianos y el que los sitúa en el mismo camino que recorrió Cristo y en su misión de evangelizar a los pobres.

Para llevar a cabo esta misión, Dios suscita en su Iglesia **diversos carismas o ministerios,** que son dones que Dios concede a determinadas personas para hacerle presente en distintos ámbitos o circunstancias.

La misión de enseñar

Son **los obispos con los presbíteros** los que desempeñan la misión de velar por que todos los cristianos nos mantengamos fieles a la fe transmitida por los apóstoles. Ellos nos ayudan a corregir las desviaciones y fallos en la forma de entender la fe y a descubrir el carácter liberador de la fe en Jesús. Forma parte de esta misión el entender mejor la relación del ser humano con Dios y ayudarnos a plasmar la fe en cada momento y contexto.

También **los laicos y religiosos** están llamados al anuncio de Cristo comunicado con el testimonio de la vida y de la palabra. A esta misión corresponde la tarea que desempeñan muchos misioneros entre comunidades y personas que no conocen el Evangelio.

La misión de santificar

Todos los cristianos estamos llamados a la santidad y a santificar nuestro mundo. Una forma privilegiada de llevar a cabo esta misión es la celebración de los sacramentos. En este sentido es una misión de los **obispos y presbíteros.**

También **los laicos** están llamados a santificar el mundo mediante sus obras, oraciones, tareas apostólicas, vida conyugal y familiar, el trabajo diario, el descanso, las molestias de la vida vividas con paciencia.

La **vida religiosa** es un testimonio de una vida conforme a las bienaventuranzas, es decir, dan testimonio de la vida nueva y eterna y anuncia con su propia vida la Resurrección de Cristo. En este sentido, constituye en sí misma una llamada a ser santos.

La misión de gobernar

La Iglesia propone a la sociedad una nueva forma de gobierno entendida como servicio. Jesús nos mostró que «quien quiera ser el primero, que sea

¿Sabías que...?

Cuando muere un ser querido los cristianos celebramos el encuentro de esa persona con Dios. Creemos que, a pesar del dolor humano por la separación, nuestro ser querido ha resucitado junto a Jesús y vive feliz con Él.

el último de todos y el servidor de todos» (Mc 9,35). Esta forma de gobierno, entendida como servicio, es la que ejercen los **obispos y presbíteros** en sus diócesis y parroquias.

Los **laicos** están llamados a llevar esta forma de entender el gobierno a las estructuras sociales, rechazando todo aquello que suponga pecado o desprecio a la dignidad del ser humano. En la Iglesia también pueden colaborar con los pastores en el gobierno de la comunidad.

La misión de la caridad

Una síntesis de la misión de la Iglesia es el ejercicio de la caridad por el cual **los cristianos** llevan el amor de Dios a todos los ámbitos y situaciones. Jesús nos mostró la preferencia que los pobres y marginados tienen en el Reino de Dios. Por ello, la misión de la Iglesia debe mostrar ese privilegio por los más desfavorecidos. Muchos cristianos están comprometidos en la lucha de los derechos de los más pobres, en la atención de sus necesidad, en la educación y promoción de los más jóvenes, etc.

Múltiples **organizaciones** como Cáritas se encargan de desarrollar esta dimensión de la misión de la Iglesia y lo hacen de múltiples formas: comedores, servicios sociales, asistencia a domicilio, formación, ayudas económicas... Esta misión se ha plasmado también en organizaciones educativas, asistenciales y sanitarias que buscan hacer presente a Dios en la promoción de los más jóvenes, los más desfavorecidos y los que sufren.

Una Iglesia atenta a la sociedad

La Iglesia tiene sus ojos puestos en Cristo, que la sostiene. Sin embargo, para ser fiel a la vida y al mensaje de Jesús, tiene que estar muy atenta también a la sociedad en la que se halla inserta pues es allí donde debe hacer presente a Jesús Resucitado. Por ello, la Iglesia promueve un **diálogo sincero y respetuoso con la sociedad** buscando la promoción de todo lo que contribuye al desarrollo de la humanidad y llamando la atención a lo que puede suponer un peligro para sus derechos o una reducción de lo que están llamados a ser.

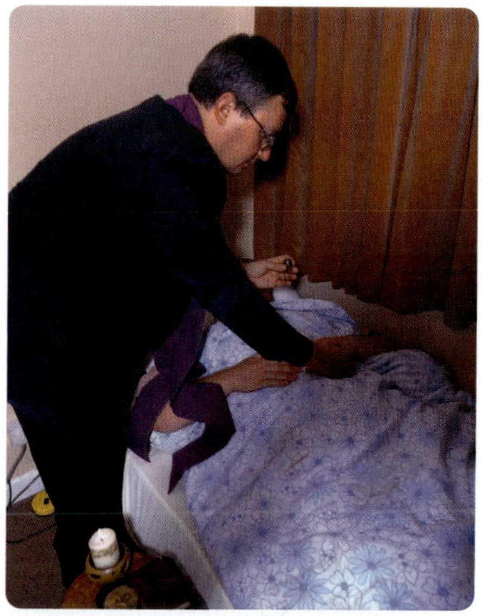

La celebración de los **sacramentos** está llena de signos que nos indican el amor que Dios nos tiene.

1. Justifica por qué la Iglesia tiene que ser misionera.
2. Elabora una tabla con cuatro columnas con las cuatro dimensiones de la misión de la Iglesia que hemos estudiado (enseñar, santificar, gobernar, caridad) y enumera formas concretas de realizar cada una de ellas.
3. Busca el testimonio de algún misionero y entresaca de sus palabras qué dimensiones de la misión de la Iglesia lleva a cabo y cuál es la razón por la que se hizo misionero.

El número 26 del Catecismo *Jesús es el Señor* explica cómo nos encontramos con Jesús en la celebración de los sacramentos.

Leemos la Biblia

Nos preparamos para leer la Biblia

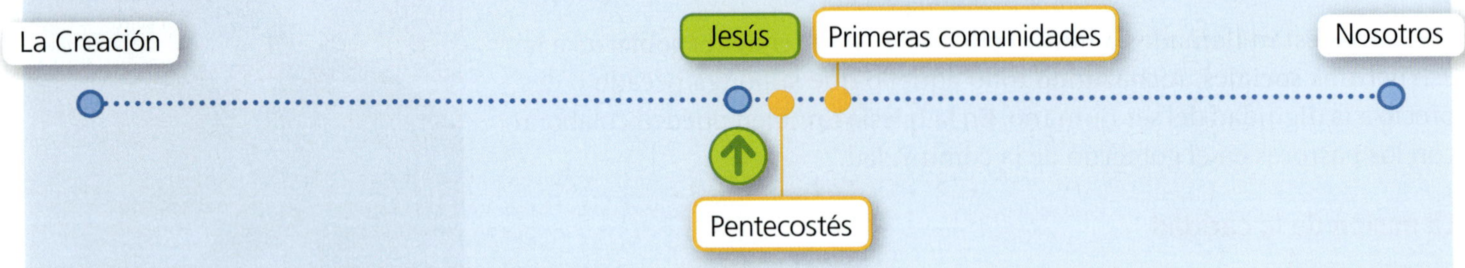

Testimonio eclesial

Hch 2,42-47

- Describe lo que ves en la ilustración y ponlo en común con tus compañeros.
- ¿Qué crees que está preparando el personaje? ¿a qué celebración te recuerda?
- ¿Qué significa el hecho de compartir la mesa con alguien?

Pistas sobre el texto

Tras la experiencia de la muerte y la resurrección de Jesús, los creyentes comienzan a dar testimonio de lo que han visto y han oído y así van surgiendo comunidades de creyentes que reciben el bautismo y hacen realidad en su forma de vida lo que Jesús les pidió. Esas comunidades tenían una serie de señas comunes: se reunían gracias al testimonio de uno de los apóstoles, compartían la Eucaristía, ponían los bienes en común, evitaban el pecado, oraban a Dios y daban testimonio del Resucitado.

Vocabulario

Fracción del pan: es uno de los nombres que se da a la Eucaristía. Hace alusión al gesto por el que parte y reparte la eucaristía y a la pasión de Jesús.

Perserverar: mantenerse fiel.

Apóstoles: son los elegidos por Dios entre sus seguidores. Cristo escogió a Doce, que a su vez elegirán a sus sucesores. Hoy los sucesores de los apóstoles son los obispos.

Trabajamos sobre el texto

- **Preparamos la lectura.** Antes de leer el texto, contestad estas preguntas en voz alta: ¿por qué son importantes las fiestas? ¿Qué cosas se pueden celebrar en ellas? ¿Cómo preparamos una fiesta?
- **Leemos el texto.** Primero, estad atentos a la lectura del profesor o de un compañero. Después, leedlo de forma individual.

1. Haz un dibujo con una asamblea de personas y ponle el título «Las primeras comunidades cristianas». Junto al dibujo anota las características que tenían estas primeras comunidades según el texto que acabamos de leer.
2. Señala qué semejanzas y diferencias encuentras entre la comunidad que describe el texto y la Iglesia actual.
3. Elabora un retrato robot de cómo debe ser un cristiano apoyándote en el texto que acabas de leer.

Los Hechos de los Apóstoles nos transmiten la predicación de los Apóstoles tras la Resurrección y el surgimiento de las primeras comunidades cristianas. En esos primeros años no faltaron las dificultades y persecuciones pero el entusiasmo, la alegría y la fe de los testigos de la Resurrección terminaron contagiando a muchos que se bautizaron y abrazaron la fe.

Pistas para aprender a leer la Biblia

Para entender bien los textos bíblicos es necesario conocer las circunstancias y el contexto de los destinatarios de los mismos.

Por ejemplo, en Rom 12,9-21, Pablo escribía a los cristianos de Roma, que eran pocos, tenían problemas entre ellos y no entendían bien cómo rendir culto a Dios. Con esta clave podemos comprender mejor sus palabras.

Lee Gál 3,1-3 y fíjate en cómo se dirige a la comunidad de los gálatas. Por sus palabras podemos deducir que Pablo se encuentra bastante disgustado.

Algunos datos de la Iglesia en España

Ya hemos dicho que la Iglesia, debido al gran número de personas que la formamos, tiene que estar organizada para funcionar de una manera eficaz y poder llevar a cabo su misión en el mundo de hoy. A continuación presentamos algunas cifras que nos permiten hacernos una idea de cómo está organizada. Están tomadas de la web de la Conferencia Episcopal Española (http://www.conferenciaepiscopal.es), donde podemos acceder a estas y a muchas otras informaciones, como, por ejemplo, a las webs de cada una de las diferentes diócesis que la forman.

Iglesia y población católica

El 73,1% de los españoles se considera católico, es decir, aproximadamente, 34 millones y medio de personas.

Territorio, obispos y asambleas

La geografía eclesial de España se compone de 14 Provincias Eclesiásticas divididas en 69 diócesis, además del Arzobispado castrense.

En la actualidad ejercen su ministerio en España 2 cardenales, 14 arzobispos, 52 obispos residenciales, 9 obispos auxiliares. Asimismo, hay 4 cardenales, 5 arzobispos, 23 obispos y 3 obispos auxiliares, todos ellos eméritos.

Parroquias, sacerdotes y religiosos

El número de parroquias existentes en la actualidad asciende a 22 686.

El número de sacerdotes incardinados en las diócesis españolas es de 18 633.

Los religiosos que realizan su labor en la Iglesia en España son 61 106 (49 640 religiosas y 11 466 religiosos). En España hay 104 congregaciones masculinas y 303 femeninas.

Labor misionera

En el año 2010 se encuentran desempeñando sus labores pastorales fuera de nuestras fronteras un total de 107 obispos españoles, distribuidos en más de 30 países de todo el mundo.

El total de misioneros supera los 14 000. De ellos, cerca de 3000 son religiosos, 7500 religiosas y más de 1500 religiosos no presbíteros. Hay que añadir a 900 sacerdotes diocesanos, de los cuales 345 trabajan en Hispanoamérica. A todos ellos hay que sumar más de 1100 laicos que han decidido entregar su vida como misioneros en diferentes lugares del mundo.

Acción caritativa y social

La inmensa actividad caritativa y asistencial de las instituciones de la Iglesia es consecuencia directa del anuncio y la vivencia de la fe, por lo que no puede disociarse de la actividad pastoral. Existen 4459 centros asistenciales de la Iglesia en España.

1. Busca en el diccionario las palabras que no entiendas de este texto y escribe su significado en tu cuaderno.
2. Estos datos son de 2010. Accede a la web de la Conferencia Episcopal Española y compáralos con los de la actualidad. Escribe los cambios que consideres más interesantes.

RECORDAMOS

1 En grupos, escoged distintas obras que la Iglesia desarrolla en vuestra localidad (hospitales, colegios, comedores, centros asistenciales, parroquias,…). Investigad sobre ellas y concretar:

- Cuándo surgieron, en qué circunstancias.
- ¿Qué dimensión de la misión de la Iglesia desarrollan?
- ¿Cómo han contribuido a la mejora de la sociedad?, ¿y a la misión de la Iglesia?

Podéis organizar una exposición con las distintas obras seleccionadas.

2 Copia en tu cuaderno el mapa conceptual de la unidad y complétalo. Después, amplía el contenido con lo que has aprendido.

La misión de la Iglesia
The mission of the Church

La misión de enseñar	La misión de santificar	La misión de gobernar	La misión de la .....
Mission of	Mission of sanctification	Mission of	Mission of charity

9 Celebramos la Eucaristía

Pedro, Li, Elisa y Moussa visitan el museo donde pueden contemplar un cuadro de la Última Cena.

Todos preparados, hoy será distinto.
Celebramos algo nuevo, que lleva mucho ritmo.
Siempre hay motivos para estar contento,
y si tú no los encuentras, mira bien adentro...

Para ser un buen explorador…
… y valorar la celebración de la Eucaristía:

- Me preparo en silencio
- Abro los ojos y observo
- Comparto lo que veo
- Pienso

Me hago preguntas: ¿qué representa el cuadro que contemplan The Agapes? ¿Qué personajes y acciones reconoces en él?

1 Preguntas para el diálogo

- ¿Qué relación crees que hay entre la Última Cena y la Eucaristía?
- ¿Recuerdas las palabras que Jesús dijo en la Última Cena?

¿Recuerdas la última celebración de cumpleaños a la que fuiste? Se trata de un momento importante que recordamos todos los años. Los cristianos recordamos todos los días que Jesús reunió a sus Apóstoles, y cenó con ellos para anunciarles que iban a matarlo pero que resucitaría al tercer día. Al final, les pidió que hicieran esa misma cena para recordarle.

Cuando celebramos la Eucaristía nos encontrarnos con Jesucristo vivo en los textos de la Palabra de Dios y presente en el pan y en el vino que consagra el sacerdote sobre el altar. Al final, todos comemos de ese pan que ya es el cuerpo de Cristo y, con ese gesto, queremos decir a todos que nos hacemos uno con Él, que estemos unidos a Él, que queremos seguirle. Esto es lo que vamos a ver en esta última unidad del curso.

2 Trabajamos juntos: investigamos en obras de arte

- Buscamos cuatro obras de arte que representen la escena de la Última Cena. Puede ser pintura, escultura, fragmento de película, etc.
- Las contemplamos serenamente y las comentamos con nuestros compañeros.
- Buscamos los elementos comunes que aparecen en todas ellas.
- Escribimos las similitudes que tienen la actual celebración de la Eucaristía con la Última Cena.

Tu grupo pop preferido

7 DE JUNIO

Fuego y luz

Publicado por Li

El pasado viernes fue el cumpleaños de una amiga y, como siempre, tuvo una gran tarta con velas; ¡once! Eso me recordó la Vigilia Pascual de Semana Santa, cuando encendimos un gran cirio que todavía está en la Iglesia.

Marc nos explicó que el fuego para los cristianos es muy importante, porque simboliza que Jesús es luz que ilumina nuestro camino.

Mark explained to us that fire is very important for Christians, because it symbolises that Jesus is the light that illuminates our path.

31 DE MAYO

La importancia de la Eucaristía

Publicado por The Agapes

Desde que éramos pequeños nos llamó mucho la atención la importancia que mis padres y amigos daban a la Eucaristía. Cada domingo, aunque no haya colegio, nos preparábamos y nos juntábamos para comparitr la celebración y recibir el Cuerpo y Sangre de Cristo.

La Eucaristía tiene momentos muy significativos: la proclamación de las lecturas, la homilía, la consagración, el Padrenuestro, el gesto de la paz, la comunión, la acción de gracias... Al terminar la semana, es el momento privilegiado para encontrarse con Cristo y reforzar la unión entre los que unimos para celebrar.

28 DE MAYO

Jornadas Mundiales de la Juventud

Publicado por Marc

Cada tres años se organiza una Jornada Mundial de la Juventud en la que cientos de miles, en algunos casos millones, de jóvenes se reúnen con el Papa. Se celebran cada vez en una ciudad diferente que acoge el acontecimiento con entusiasmo, pues allí se desplazan jóvenes de todos los rincones del planeta.

En España se han celebrado dos de estas jornadas, una en Santiago de Compostela y otra en Madrid. La celebración de la Eucaristía es uno de los actos que más gente convoca, aunque el récord de asistentes a una misa presidida por el Papa no lo tiene una Jornada Mundial de la Juventud, sino la visita que el papa Francisco realizó a Filipinas en 2015, cuando reunió a más de seis millones de personas en la celebración de la Eucaristía... Os lo escribo en número, por si no ha quedado claro: ¡6 000 000 de personas!

Comentario

Laura dice:

Yo estuve en la JMJ de Madrid en 2011. La presidió el papa Benedicto XVI. ¡Fue una experiencia inolvidable!

28.05.16 a las 18:34

20 DE MAYO

La Biblia en la tele

Publicado por Li

Ayer vi un anuncio de un coche en el que miles de muñecos de peluche de diferentes animales iban caminando y se metían en el maletero, ¡como en el Arca de Noé!

Las historias de la Biblia muchas veces sirven de inspiración a las personas que hacen los anuncios en la televisión. Y también han sido contadas a través del cine. ¿Recuerdas alguna película de tema bíblico? ¿Podrías decir el título de la última película de tema religioso del actor neozelandés Russell Crowe?

La Eucaristía

La palabra *eucaristía* procede del griego y significa `acción de gracias´. Ha recibido **diversos nombres** que resaltan distintos aspectos de este sacramento: Banquete del Señor, fracción del Pan, Asamblea eucarística, Memorial, Santo sacrificio, comunión, santa Misa...

La Eucaristía es la «fuente y la cima» de toda la vida cristiana. En ella Jesús se hace realmente presente, y ese encuentro con el Resucitado revitaliza nuestra vida cristiana. Nos recuerda a las comidas que Jesús compartió durante su vida pública y **conmemora la Última Cena** que Jesús realizó con sus discípulos. En efecto, para dejarles una muestra de su amor, en la Última Cena instituyó la Eucaristía como memorial de su muerte y resurrección.

Jesús dijo: «Yo soy el pan vivo, bajado del cielo. Si uno come de este pan, vivirá para siempre; el que come mi Carne y bebe mi Sangre, tiene vida eterna... permanece en mí y yo en él» (Jn 6,51.54.56).

¿Sabías que...?

El pan que utilizamos en la Eucaristía es un pan ácimo, es decir, sin levadura. Hace referencia al pan sin fermentar que tomaron los israelitas la noche que salieron de Egipto guiados por Moisés.

Última Cena y Eucaristía

Los evangelios (Mt 26,20-29; Mc 14,12-25; Lc 22,14-20) y san Pablo (1Cor 11,23-25) nos han transmitido cuándo nace la Eucaristía. En ellos vemos que este sacramento tiene su origen en Jesús y que se repiten las palabras que Él utilizó en la Última Cena. Por eso, los cristianos afirmamos que **Jesús instituyó la Eucaristía.**

La Última Cena se celebró en el contexto del banquete pascual, la fiesta principal para los judíos. Sin embargo, Jesús da un **nuevo significado a la Pascua:** igual que el pueblo judío se vio liberado de la esclavitud al salir de Egipto, la muerte y resurrección de Jesús nos libera del pecado y de la muerte y es la oferta definitiva de salvación.

Los **signos esenciales** de este sacramento son pan de trigo y vino de vid. Sobre ellos el sacerdote, siguiendo los gestos y palabras de Jesús, pide la bendición del Espíritu Santo y pronuncia las palabras de consagración que Jesús empleó en la Última Cena: «Esto es mi Cuerpo que se entrega por vosotros; esta es mi sangre». Por la consagración el pan y el vino se transforman en **el Cuerpo y la Sangre de Jesús.**

Al participar en la Eucaristía el creyente entra en comunión con Jesús Resucitado y, al recibirle como alimento, crece la unión con Él («Quien come mi carne y bebe mi Sangre habita en mí y yo en él» (Jn 6,56). De esta forma, refuerza la gracia recibida en el Bautismo, se aleja del pecado y refuerza la unidad y comunión de la Iglesia. Asimismo, entrar en comunión con Jesús nos compromete a construir la comunión con los demás seres humanos, especialmente con los más pobres y necesitados.

RECORDAMOS

1 Compara estas dos imágenes y señala las semejanzas y diferencias que encuentras. ¿Qué momento representan? ¿Con qué texto bíblico las relacionarías? Busca otras representaciones de la misma escena de pintores de distintas épocas y organizar una exposición con ellas.

2 Copia en tu cuaderno el mapa conceptual de la unidad y complétalo. Después, amplía el contenido con lo que has aprendido.

La Eucaristía
The Eucharist

- Actualizamos la Última Cena: Tomad y comed, es mi cuerpo/ Tomad y bebed, es mi sangre.
  Reenactment of the Last .....: Take, eat; this is my ...../ Take, ...; this is my .....
- Renovación del Sacrificio: Nos trae la salvación.
  Renewal of the .....: brings us .....

LA HISTORIA DE LA IGLESIA

Desde el descubrimiento de América hasta nosotros

1492 Descubrimiento de América

1517 Lutero
Reforma protestante

1542-1591
San Juan de la Cruz

1633
Condena de Galileo Galilei

Siglos XVII-XVIII
Impulso misionero en América

Acontecimiento

Reforma protestante

Es un episodio muy importante de la historia de la Iglesia. En una época en la que se percibía la necesidad de cambios en la Iglesia católica, surgió la figura de Lutero, quien, con ánimo de mejorar, publicó una serie de escritos contra la venta de indulgencias, que produjeron gran malestar en Roma. La falta de entendimiento, unida a las circunstancias sociopolíticas, desencadenaron algo bien distinto: el surgimiento de otras iglesias.

Personaje

San Juan de la Cruz

Juan de Yepes Álvarez (1542-1591) es considerado uno de los mejores representantes de la mística del siglo XVI. Junto con santa Teresa de Jesús fundó la Orden de los Carmelitas. Sus escritos son valorados no solo por su gran contenido místico y teológico, sino por la gran belleza de su poesía, que es admirada y leída por creyentes y no creyentes. Es el patrono de los poetas de habla hispana.

Algo que mantenemos

Órdenes religiosas

Durante los siglos XVIII y XIX surgieron en Europa nuevas órdenes religiosas que trataban de responder a las necesidades de las personas. Muchas de ellas fueron fundadas con vocación de servicio a los más necesitados.

Algunas de las congregaciones que surgieron en este momento son: los Hermanos Maristas (fundada por san Marcelino Champagnat), los Salesianos, los Misioneros Claretianos... Muchas de ellas siguen desarrollando hoy su labor.

1789 Revolución francesa

1796 Utilización de la primera vacuna

1882 Comienza la construcción de la Sagrada Familia

1962 Concilio Vaticano II

1980 Asesinato de monseñor Romero

Siglo XXI Nosotros

2013 Francisco es elegido Papa

Construcción

La Sagrada Familia

La basílica de la Sagrada Familia se encuentra en Barcelona, y es uno de sus edificios más característicos. Gaudí fue el arquitecto que dio vida al proyecto y que dejó las bases para sus sucesores, tras su muerte en 1926. Su construcción se inició en 1882. Su estilo es modernista y está lleno de simbología. En 2010 se celebró la ceremonia de la dedicación del templo por el papa Benedicto XVI. Se prevé que se terminará en torno a 2030 o 2040.

Concilio

Concilio Vaticano II

Es el último concilio ecuménico celebrado en la Iglesia. Comenzó en 1962 y se dio por clausurado en 1965. Fue convocado por el papa Juan XXIII. Asistieron a él más de dos mil obispos de todo el mundo, y también hubo personas invitadas de otras religiones. Se trataron temas relativos a la fe católica y a la adaptación de la Iglesia a las necesidades de los hombres y mujeres de su tiempo.

Personaje

Monseñor Romero

Óscar Romero (1917-1980) nació y desempeñó su labor como sacerdote en El Salvador. LLegó a ser Arzobispo de San Salvador. Su historia es la de un hombre que, al ver las injusticias que se cometían a su alrededor, no pudo permanecer callado. Su denuncia evangélica de la situación de violencia y represión que se vivía en su país hizo que fuera asesinado en 1980. Su vida y su muerte son ejemplo de entrega por el Reino de Dios.

COOPERAMOS PARA APRENDER

Como está terminando el curso, hemos venido de excursión a Madrid. Además de convivir con los compañeros, también vamos a visitar algunos lugares de importancia cultural y aprender cosas nuevas.

MEJOR ENTRE TODOS

Ha habido un lugar que nos ha llamado especialmente la atención, ya que la guía que nos lo ha enseñado nos ha hecho descubrir un montón de cosas interesantes de los cuadros que hay en él. No os vamos a decir el nombre, os damos datos para descubrirlo; a ver si lo adivináis…

Volved a reunir los equipos de las anteriores unidades «Cooperamos para aprender». Formad un nombre con las iniciales, en el orden en que aparecen, de las palabras que responden a estas definiciones:

1. Ciudad en la que nos encontramos.
2. Séptimo planeta del Sistema Solar.
3. Animal que se mueve reptando.
4. Continente en el que vivimos.
5. Parte externa del sistema auditivo.
6. Cada una de las piezas que forman la dentadura.
7. Inventor de la bombilla.
8. Imagen que sirve para identificar una empresa, un grupo, etc.
9. Elemento de construcción que sirve para cruzar un río.
10. Sistema que usa ondas electromagnéticas para medir velocidades de objetos y vehículos.
11. Preposición y primera letra del abecedario.
12. País cuya capital es Copenhague.
13. Texto empleado para comunicarse con Dios.

¿Sabéis ya el nombre?

GRUPOS DE INVESTIGACIÓN

¿A que es una forma divertida de hacer que alguien descubra un nombre? Haced vosotros lo mismo. En unas hojas de papel preparad acertijos como este para descubrir el nombre de personajes de la Biblia que hemos trabajado este curso, u otros temas que hemos estudiado. Después podéis cambiarlos con los otros equipos para que intenten descubrir el nombre oculto.

A lo largo de la historia, el arte ha sido para los cristianos una manera muy importante de representar hechos y momentos centrales de la Historia de la Salvación.

A través de las representaciones artísticas hacemos presente y cercana la Palabra de Dios. Son una forma de visualizar los acontecimientos y poder acercarnos a Dios.

Si pensamos en diferentes momentos de la vida de Jesús, nos vienen probablemente a la mente cuadros que representan escenas de su vida: nacimiento en Belén, pesca con los discípulos, la Última Cena...

GRUPOS DE INVESTIGACIÓN

Os proponemos que investiguéis sobre obras de arte referidas a la vida de Jesús. Podéis buscar en libros de arte, en internet…

Una vez seleccionada la obra que más os haya gustado a todos, actuaréis como críticos de arte. Para ello, seguid los siguientes pasos:

1. Observad el cuadro con detenimiento, atendiendo a los detalles, la iluminación, las expresiones...
2. Buscad información general sobre la obra: autor, año, lugar, detalles del momento sociocultural…
3. Describid con el mayor detalle posible lo que se representa en el cuadro.

GRUPOS DE INVESTIGACIÓN

Después del análisis de la obra desde el punto de vista artístico, os proponemos que lo hagáis desde una perspectiva espiritual:

1. ¿Qué momento de la vida de Jesús representa la obra?
2. ¿Quién le acompaña? ¿Qué ocurre?
3. ¿Cómo se sienten las personas que le acompañan?
4. ¿Qué enseñanza les transmite Jesús?

Buscad una fotografía del cuadro sobre el que habéis trabajado. Con la información que habéis encontrado, podéis preparar una exposición, así cada grupo compartirá con el resto sus descubrimientos.

Hay muchos cuadros que representan la escena de Jesús crucificado. En el Museo del Prado hay varios que recogen ese momento. Nos hemos fijado en el que pintó Velázquez en 1632, que se llama *Cristo crucificado*. Aquí os ponemos la fotografía que le hemos hecho....

COOPERAMOS PARA APRENDER

María es Madre de Jesús y nuestra. Con ella aprendemos cosas sobre la vida de Jesús y nos enseña a ser mejores seguidores suyos.

GRUPOS DE INVESTIGACIÓN

A lo largo de la historia, María ha sido también reflejada en muchas obras de arte. Os propongo que seleccionéis una de estas imágenes y que investiguéis sobre ella.

Virgen María con el niño, de Rubens. Fue pintado entre 1617 y 1620. Rubens pintó las figuras y Jan Brueghel, las guirnaldas.

Sagrada Familia del Cordero, de Rafael. Fue pintado en 1507. Es curioso que la escena se enmarque en un paisaje en el que se pueden reconocer al fondo una iglesia, la torre de un castillo y algunas casas.

La Virgen María, de El Greco. Fue pintado hacia 1597. María es representada de una forma muy utilizada por el autor: adolescente de rostro melancólico, con fina barbilla y grandes ojos negros.

MEJOR ENTRE TODOS

Advocaciones de la Virgen María

Según la ciudad o la cultura, los cristianos utilizamos múltiples y diferentes maneras para llamar a la Virgen María (Virgen de Lourdes, Virgen de Fátima, Nuestra Señora de la Paz, Madre de la Eucaristía, etc.). Siempre nos referimos a la misma y única Madre de Dios; y esto constituye una de las mayores riquezas de la Iglesia.

Por grupos, recopilad información sobre las siguientes advocaciones:

- Nuestra Señora del Carmen
- Nuestra Señora de Guadalupe
- Nuestra Señora de Fátima
- Nuestra Señora de las Nieves

MEJOR ENTRE TODOS

Realizad entre todos un cuadro sobre María, utilizando la técnica que más os guste.

Luego, organizad una exposición de todas vuestras obras de arte, escribiendo una ficha técnica de cada obra: título, autor, técnica empleada...

Como cristianos nos comprometemos a ayudar a personas que viven situaciones de dificultad. Podemos encontrar situaciones de necesidad en nuestro entorno, muy cerca de nosotros.

GRUPOS DE INVESTIGACIÓN Y APS

Os proponemos investigar sobre las situaciones de necesidad que hay en nuestro barrio o ciudad, así como sobre las personas que se comprometen para tratar de minimizarlas. Cada equipo se dividirá en dos grupos:

- Un grupo se encargará de recopilar la información que habéis obtenido al observar el barrio, sus vecinos, consultar a entidades sociales, leer los periódicos, ver las noticias en la televisión... Será el grupo de los **investigadores de las necesidades sociales**.

Como conclusión de este trabajo de análisis, los investigadores sociales realizarán un folleto informativo que resuma las principales necesidades que afectan a nuestros vecinos.

- Otro grupo se encargará de investigar sobre la labor que las entidades sociales y ONG realizan para ayudar a las personas que padecen estas necesidades. Serán los **buscadores de esperanza**.

Como existen muchas asociaciones y personas que se dedican a atender necesidades de otras, seleccionad unas pocas y profundizar en el trabajo que realizan. Para ello, podéis buscar información en Internet, recopilar folletos informativos de la asociación, acudir a la propia asociación y preguntar a los responsables, hablar con algún voluntario...

Como conclusión de este trabajo de buscadores de esperanza, se diseñará un documento informativo que explique con detalle la labor cotidiana de estas entidades

Para ambos grupos, a la hora de redactar el folleto y el documento informativo, es importante tener en cuenta algunas ideas:

- Un buen titular que haga atractiva la información.
- Lenguaje, expresiones, imágenes y formatos adecuados a las personas a las que se va a dirigir la información.
- Un trabajo de difusión a través de diferentes medios y canales para que la información sea conocida por el máximo número posible de personas.

Creo: El resumen de nuestra fe

Creo es la primera palabra que decimos al proclamar el Credo, y es que estas dos palabras significan lo mismo. *Credo* es la palabra que se usa en latín para decir *creo*.

El Credo es una fórmula que resume lo más importante de nuestra fe. Cuando la recitamos en la iglesia estamos afirmando las cosas en las que creemos como cristianos.

En estas páginas vamos a aprender qué significan las palabras que proclamamos y por qué son tan importantes para nosotros.

Creo en Dios, Padre Todopoderoso,
Creador del cielo y de la tierra.

Creo en Jesucristo, su único Hijo,
Nuestro Señor, que fue concebido por obra y gracia del Espíritu Santo,
nació de Santa María Virgen;
padeció bajo el poder de Poncio Pilato,
fue crucificado, muerto y sepultado,
descendió a los infiernos,
al tercer día resucitó de entre los muertos,
subió a los cielos y está sentado a la derecha de Dios,
Padre Todopoderoso.
Desde allí ha de venir a juzgar a los vivos y a los muertos.

Creo en el Espíritu Santo,
la santa Iglesia católica, la comunión de los santos,
el perdón de los pecados,
la resurrección de la carne y la vida eterna.
Amén.

El Credo es un símbolo para los cristianos, **expresa lo que somos y lo que creemos**. Es como una contraseña entre nosotros, o bien un símbolo que nos distingue y nos da a conocer como, por ejemplo, pueden ser los colores de un equipo deportivo, el uniforme de un policía o la bata de un médico. Cuando proclamamos el Credo estamos diciendo a todos lo que creemos y cómo queremos vivir.

El Credo **resume la historia de amistad entre Dios y la humanidad.** Al principio Dios crea el mundo, después nos envía a su Hijo Jesucristo, que nos trae la Buena Noticia con su vida, su muerte y resurrección. Al final nos da el Espíritu y la Iglesia para que todos seamos salvados.

Si te fijas en la página anterior, el Credo se puede dividir en **tres bloques diferenciados**. El primero nos habla de Dios Padre; el segundo, de Dios Hijo, y el tercero, de Dios Espíritu Santo. Los cristianos creemos en un Dios que es trinidad, es decir, que es un solo Dios pero tres personas, un Dios que es una comunidad de Amor.

Los **primeros cristianos** vivían con normalidad lo de un solo Dios y tres personas. Eran seguidores de Jesús (Hijo) y llamaban a Dios 'Padre' como Jesús les había enseñado al orar con ellos. También sentían que el Espíritu que Jesús les había prometido los acompañaba en su misión. Así vivían unidos al Padre, al Hijo y al Espíritu Santo.

Los cristianos utilizamos **dos credos** redactados de diferente manera. Los dos son válidos. Uno es el Credo de los apóstoles o Credo «corto», que es el que figura en la página anterior. El otro es el Credo niceno-constantinopolitano, y es el que solemos proclamar los domingos en la eucaristía.

«Credo» (Símbolo de los Apóstoles): Es la fe de la Iglesia profesada personalmente por cada creyente, principalmente en su bautismo. «Creemos» (Símbolo de Nicea-Constantinopla, en el original griego): Es la fe de la Iglesia confesada por los obispos reunidos en Concilio o, más generalmente, por la asamblea litúrgica de los creyentes. «Creo», es también la Iglesia, nuestra Madre, que responde a Dios por su fe y que nos enseña a decir: «creo», «creemos».

Este credo manifiesta la unión de todos los católicos del mundo, pues todos proclamamos nuestra fe común aunque sea en distintas lenguas y contextos. El valor de estas fórmulas se halla en las realidades que estas expresan y que la fe nos permite atisbar. Estas fórmulas permiten expresar y transmitir la fe, celebrarla en comunidad, asimilarla y vivir de ella cada vez más.

Además de afirmar nuestra fe al proclamar el Credo, **afirmamos nuestra identidad como cristianos** cuando vivimos y nos comportamos como seguidores de Jesús. Cuando nos sentimos una familia con toda la Iglesia, cuando escuchamos la Palabra, cuando oramos a Dios como Padre, cuando nos sentimos hermanos de todos, cuando nos comprometemos con los que sufren… Así también estamos diciendo que nuestro Dios es Padre, Hijo y Espíritu Santo, que Dios es Amor.

Este credo manifiesta la unión de todos los católicos del mundo pues todos proclamamos nuestra fe común aunque sea en distintas lenguas y contextos. El valor de estas fórmulas se halla en las realidades que estas expresan y que la fe nos permite atisbar. Estas fórmulas permiten expresar y transmitir la fe, celebrarla en comunidad, asimilarla y vivir de ella cada vez más.

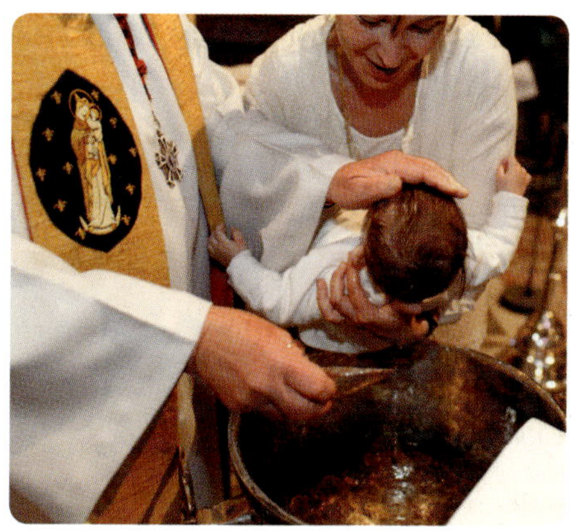

1. ¿Te has fijado en que cuando hacemos la señal de la cruz lo hacemos también en el nombre del Padre, del Hijo y del Espíritu Santo? Con esta sencilla oración recordamos que nuestro Dios es trinidad. ¿Sabes el nombre de otra breve oración que también nos lo recuerda?

Creo: Esta es nuestra fe

Creo en Dios, Padre Todopoderoso,
Creador del cielo y de la tierra.

Creemos que **Dios existe** y conocemos algunas cualidades suyas. Es un Padre bueno que nos ama. Además, **es el creador** de nuestro mundo, de todo lo que existe, de nosotros mismos. En la creación admiramos su bondad, su belleza, su amor todopoderoso. Somos criaturas de Dios Padre y nos ha creado semejantes a Él.

Creo en Jesucristo, su único Hijo,
Nuestro Señor, que fue concebido por obra y gracia del Espíritu Santo,
nació de Santa María Virgen;

Creemos que **Jesucristo es el Hijo único de Dios**. Creemos que Jesucristo es Dios mismo y llamamos a Jesús Nuestro Señor. *Jesús* quiere decir 'Dios salva', esta es la Buena Noticia de Dios para la humanidad. *Cristo* quiere decir 'ungido', es decir, el elegido, **el enviado por Dios** mismo para salvarnos. Le llamamos Señor porque es lo más importante en nuestra vida.

Nació de María, que era Virgen, y lo hizo por la gracia de Dios Espíritu Santo. Creemos que María de Nazaret es la madre de Dios. Ella colabora con Dios en el plan de salvación, aceptando ser la madre de Jesús.

padeció bajo el poder de Poncio Pilato,
fue crucificado, muerto y sepultado,
descendió a los infiernos,
al tercer día resucitó de entre los muertos,
subió a los cielos y está sentado a la derecha de Dios,
Padre todopoderoso.

Creemos que **Jesucristo, además de Dios, fue un hombre** como todos los hombres. Vivió en un tiempo concreto y en un lugar concreto, bajo el poder del prefecto romano Poncio Pilato (siglo I) en la provincia romana de Judea.

Creemos que Jesús **murió crucificado** y que fue sepultado. Creemos que a los tres días resucitó y que está en el cielo al lado de Dios Padre.

Creemos que su Muerte y Resurrección nos han salvado y nos han reconciliado con Dios y, además, que el Señor participa de la gloria del Padre en el cielo.

Desde allí ha de venir a juzgar a los vivos y a los muertos.

Creemos que **Jesús volverá** al final de los tiempos y juzgará a los vivos y también a los que ya han muerto. A todos juzgará según el amor: ¿cuánto hemos amado al prójimo?

Creo en el Espíritu Santo,

Creemos en Dios Espíritu Santo. Creemos que **siempre está con nosotros** y nos acompaña. El Espíritu de Dios nos ayuda a vivir como buenos hijos suyos y hermanos de todos.

la santa Iglesia católica,

Creemos, en plural. Creemos porque **nos sentimos comunidad**, pueblo de Dios. Creemos en la Iglesia fundada por Jesucristo y cuya misión es llevar el mensaje de Jesús a todas las personas.

la comunión de los santos,

Creemos que todos los que formamos la Iglesia estamos unidos y juntos participamos de la vida de Dios. Los que están en el cielo, los que todavía caminamos en el tiempo y los que están purgando sus pecados.

el perdón de los pecados,

Reconocemos que muchas veces fallamos en el amor a los demás y nos alejamos del amor que Dios nos tiene. Creemos que el **Bautismo** nos hace ser personas nuevas, limpias de todo mal. También en el **sacramento de la Reconciliación** Dios nos acoge y nos perdona como un Padre bueno.

la resurrección de la carne y la vida eterna.

Creemos que un día resucitaremos igual que Jesús resucitó. **Resucitaremos en cuerpo y alma** y viviremos felices para siempre junto a Dios y a los hermanos.

Amén. — Así sea.

2 Busca el texto del Credo niceno-constantinopolitano y cópialo en tu cuaderno. Después, en grupos, comentad las diferencias que encontráis entre los dos credos para dialogar sobre ello con el resto de la clase.